杰出青少年素质养成手册

王金海 著

U0366908

清华大学出版社

北京

图书在版编目（CIP）数据

杰出青少年素质养成手册 / 王金海著. — 北京：清华大学出版社，2021.12（2025.4重印）
（陪你读书）
ISBN 978-7-302-55099-0

Ⅰ.①杰… Ⅱ.①王… Ⅲ.①青少年教育－素质教育－养成教育－手册
Ⅳ.①G40-012

中国版本图书馆CIP数据核字（2020）第047158号

责任编辑：王如月
装帧设计：■■文化·邱特聪
责任校对：王荣静
责任印制：杨 艳

出版发行：清华大学出版社
   网 址：https://www.tup.com.cn，https://www.wqxuetang.com
   地 址：北京清华大学学研大厦A座 邮 编：100084
   社 总 机：010-83470000 邮 购：010-62786544
   投稿与读者服务：010-62776969，c-service@tup.tsinghua.edu.cn
   质量反馈：010-62772015，zhiliang@tup.tsinghua.edu.cn
印 装 者：三河市人民印务有限公司
经 销：全国新华书店
开 本：165mm×230mm 印 张：18 字 数：256千字
版 次：2021年12月第1版 印 次：2025年4月第5次印刷
定 价：69.80元

产品编号：085006-04

献给正在成为栋梁之材的青少年

❋ 这是一个最好的时代，也是一个最"坏"的时代。

我们再也不需要过贫困的日子了，但是我们即将面对一个竞争更加激烈的时代。当年，我读书的时候，物质条件非常差。父母仅靠种田支撑我和姐姐读书，有时候，到了春天，粮食就不够吃了，需要向邻居家借粮食才能维持生计。1997年，我考上了高中，2000年考入浙江大学。后来，我又被学校保送读博士。尽管当时物质上艰苦一些，不过现在想来觉得还是挺幸运的。若是放到今天，我估计考上浙江大学是一件比较悬的事情。

为什么这么说呢？原因有三。一是我中考的时候，很多优秀的同学都去考中专了，我中考的竞争压力小了很多。二是我读高中的时候，大家都没有补习，社会上也没有补习机构，全靠自己努力。而我来自农村，从小就比别人勤奋。不像现在，教育资源越来越集中，名校录取的学生大多集中在每个省的少数高中。三是我高考那年正好赶上全国高校扩招，高考人数却没有大幅度增加，依然是300万人左右，我才有机会考进浙江大学这样好的学校。但是今天，2021年，全国高考人数已经连续第三年突破1000万人，很多名校已经20年没有扩招了。

从以上三点可以看出，今天同学们在高考层面面临更大的竞争。很多同学可能会有点悲观，说真倒霉。其实，今天残酷的竞争不是学校给的，而是来自社会。如今各行各业的竞争都非常激烈，任何行业都能找到无数的竞争对手。

随便开个店，投入200万元，经营得好也需要5年左右的时间才可以收回成本，这意味着5年以后才开始赚钱，而且风险还特别大。所以，如果不读书，去创业，竞争更加激烈。

今天，对你们来说，最大的挑战是：从小物质条件好，吃的苦比较少，但是学业和社会却有极大的压力在等着你们。就如一张桌子，桌子腿很细长、很脆弱，却要承受很重的物品，很容易轰然倒塌。社会上有些学生走上绝路的案例，其实不完全是教育的问题，也是人的思想和观念出了问题。

今天，父母比以往任何时代都更有资本对你们好，父母却并不一定比以往任何时代都懂你们。这种现状造成了很多的家庭教育问题。

父母对你们好，是因为他们总在跟自己的童年做比较，同时内心又觉得为你们付出了很多，而这种付出又大都停留在物质层面上。你们觉得父母不懂你们，是因为你们生活在一个物质不那么匮乏的时代，所以比以往任何时代的人都更重视精神层面的需求，比如希望被尊重以及个性的张扬等。30年前，父母的穿衣风格是最好大家都一样，因为担心自己太出格，会被人说三道四，但是今天你们要的就是不一样，和谁一样就觉得自己眼光不独到。时代的变化太快，父母也未必懂得。

当你的父母很爱你，却不懂你，是一种什么样的体验呢？你的父母经常跟你说，"这是为你好""天凉了，多穿衣服了吗"——这个世界上有一种冷就是你妈觉得你很冷。很多同学反馈说："我妈妈很唠叨。"也有人说："我妈总是不相信我，总是觉得我长不大。"最严重的是青春期，这个阶段，大家都寻求独立，和父母的矛盾也最为突出。长辈们都说你们这一代很幸福，其实我知道你们很辛苦。

● 我们还需要读书吗？

科技的发展日新月异，在之前的一场人和计算机的大战中，围棋世界冠军已经被人工智能打败，各行各业在未来30年都会出现巨大的变革，而教育似乎还没有跟上这一切变化的节奏。同学们对为什么要读书的看法，也是有各种不同的声音。有的同学说，我要做网红。有的同学说，我要做游戏主播。很多问题，可能你的父母已经没有办法回答你了。你看似目标坚定，但是面对未来内心还是有些忐忑，到底该何去何从，是听从父母的建议，还是遵从内心的声音？

在这个日新月异的时代，拥有丰富的知识似乎比任何一个时代都不重要，却又比之前任何一个时代更加重要。一方面，几乎所有的知识都可以随时随地地从各种平台获取，甚至手机一搜，就会有批量的知识出现在你眼前。另一方面，知识更新速度太快，我们很容易被这个快速变化的时代淘汰掉，因此需要更加努力地获取更多、更新的知识。

大家不禁要问：知识会过时，知识也会被遗忘，知识随时可以获得，我们到底为什么还要读书？几年前，我被浙江大学请回去，给学弟学妹们做过一次分享。我算是有点"不务正业"，因为当年我所在的专业发展最好的时候，我选择了放弃自己的专业，重新在另一个领域里创业。浙江大学请我回去分享，也是因为我的人生达到了一个新的高度。我经过认真思考，总结出读书至少为我带来了三点好处。

第一，读书培养了我超强的学习品质和能力。我毕业后换过几个行业，但是就是因为能吃苦，能沉下心来学习，才让我一次次从外行变成了内行。

第二，浙江大学给了我很高的社会定位。在选择发展机会的时候，我总是觉得我毕业于浙江大学，应该做点更有价值的事情。若是我初中毕业，可能对自己的期望就是能赚点钱养家糊口就行，不会想要做更有社会价值的事情。读不读书定位是不同的，人生的奋斗目标就不同。

第三，浙江大学给了我很多的社会资源。无论到哪个城市，只要我说我是浙江大学毕业的，人家总要高看我一眼，给我更多的机会。就连我去美国，在当地遇到了校友，都有很多的话题，很容易获得帮助。

借着我的故事，大家可以思考：到底读书是为了文凭，还是为了培养自己的品质和能力？我的答案是，二者都要有。但是，它们是有排序的。应该是，先有品质和能力，有优异的成绩，最后是文凭。这就像我们看一棵大树一样，只有根部有营养，才能结出硕大的果实来，这是同一个道理。

对青少年最有帮助的六大能力：

经过反复实践，我们已经帮助无数的孩子收获了成功和进步，甚至帮助他们走向新的人生起点。我相信也一定可以帮助渴望优秀的你。这本书详细地讲解了这六大方面。

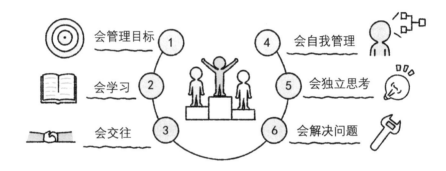

杰出青少年赢定未来的六大能力

若是你的父母也参与到我们的线下课程，我相信他们也会改变自己，成为你成长路上的好帮手。也许，从此，你的家变得更加温暖了，你的父母待你的方式也和之前大不相同了。但是，如果你的父母做得还是不够理想，不妨继续参与，我们期待提供更大的帮助。

本书不仅是能具体操作的"实用手册"，还是一本很不错的故事集。里面有很多孩子的成长故事，他们也许是你的同龄人，也许比你年龄大一点或者小一点。但是，这些故事很有启发意义，相信对你的人生也一定会有帮助。如果你遇到了人生的难题，或者在学习上止步不前的时候，不妨打开本书仔细阅读一下。它将成为你人生中不可多得的好伙伴。期待这本书能一直与你为伴。

与本书相关的还有一系列的视频教程，共 30 讲。大家可以在微信搜索"傲爸妈"公众号，找到题目为《浙大学霸引领孩子做精英》订阅收听，视频看完更容易操作。

　　很感谢你们对我们的认可，大家不辞辛苦从世界各地来找我，相信我的分享，也愿意为自己的梦想而努力。目前，我们有从美国、加拿大、澳大利亚、日本、韩国、新加坡、英国等地回来的学员。大家的信任让我们对这本书的内容不敢有一点怠慢。

　　我很荣幸从事教育工作，和大家在一起是我最快乐、最有进步的时候。我减肥 10 公斤就是要给大家做一个自律的榜样，我还耐心地保护我的头发，让原本凋零的头发开始有了新的生机。这些都是因为站在舞台上给了我动力和责任。我深刻感受到，有一件事情做好就永远不会被淘汰，这就是向大家学习。在很多方面，大家是我的老师，我时刻都在倾听大家的反馈。

　　这本书能够顺利出版，非常感谢清华大学出版社的王如月编辑。她看过这些内容之后，感觉能够帮助青少年，就积极参与到本书的出版工作之中，在荣幸之余，我也感到了极大的社会责任。同时，也要感谢我的课程研发团队的常慧娜老师，她认真、严谨的工作态度弥补了我很多短板，课程研发内容一再修改，她付出了很多心血。还要感谢团队的丁佳丽、赵龙，他们参与讨论本书的每个细节，付出了大量的时间和精力。最后，感谢支持我们的朋友和伙伴，他们分散在祖国的 2000 多个区县，每天、每时、每刻都在帮助一个个家庭，他们是最可爱的人，他们在用自己的力量影响着千家万户。

王金海

2021 年 10 月

目录
Contents

1

第 一 章

给自己一个梦想

第一节　梦想能改写人生

小的时候，我们会产生很多的梦想。有人问我们将来要做什么？很多孩子会不假思索地说长大想当警察，有的说想当老师，还有的说要当宇航员。孩子们还会绘声绘色地描述关于梦想的蓝图，说得非常激动。

为什么小时候说到梦想，我们充满想象，热血沸腾？而随着年龄的增长，我们却对梦想变得越来越淡漠，好像进入了一个无梦的时代。那么，为什么长大成人，我们却把梦想给弄丢了呢？

儿童时期，我们有大把的时间去"做梦"。但是，从小学开始，我们走进一个全新的环境：学校。在这里，同龄孩子在一起玩耍、学习。孩子聚集到一起，就会产生竞争和对比。即使是幼儿园里的孩子也会攀比，他们会充满感情地描述自己的家有多么豪华、爸爸开的车子多名贵、家有条狗多漂亮等等，这让幼儿园或者小学变得非常"社会化"。这说明，从跨进学校的那一刻起，我们就要面临学业竞争和复杂的人际关系。相对来说，我们的生活空间越来越多地被"事务性"的活动所占据。

所以，我们不是没有了梦想的能力，而是因为没有了梦想的时间和精力，才进入了一个无梦的时代。但是，我们就该因此放弃自己的梦想吗？不可以！梦想绝对不是一件可有可无的小事情。

一、梦想让我们的眼界更开阔

我在线下课程中，接触过无数的孩子，对他们，我的内心充满了热爱。我非常期待那些沉迷游戏、学习成绩不佳、对未来一无所知的孩子，能够变得像其他孩子一样优秀，有良好的兴趣、爱好，对生活充满期待，懂得通过奋斗向未来进发。

我们扶鹰课程的初衷，是希望改变孩子们那种糟糕的状态，让他们迎接一个新的开始，成为有追求之人。因此，我也见证了很多孩子的"转型"，他们从 1.0 的自我放弃时代走进 2.0 有梦想和追求的时代，完成了一个个生动的蜕变过程。他们从这里开始，告别手机游戏，热爱上了学习；从学校里的"小霸王"，转变为名校的优秀学生；从跟父母、老师对着干，到懂得感恩父母、感恩老师。

这些故事的开端，都与梦想有关。而我要给他们的第一课，就是要告诉他们，梦想是什么，目标又该如何制订，让他们进行身心的"浸泡"，从而获得能量。当他们内心对自己的梦想十分笃定，对自己的目标坚信不疑的时候，伟大的征程，已经开始！

接下来的这个故事，对我来说是极大的鼓舞，相信对你也一定很有启发。

| 梦想给了我新生 |

我是您的学员大象。参加您的课程以来，我在学习和生活方面都获得了极大的提升，在我人生这个关键时期里，遇到您和您的团队，非常感恩！

每个人的人生都是一部很长的电影，有些是动作片，有些是纪录片，有些是爱情片……而之前我的生活，就是一部活脱脱的喜剧片，而且还是那种最烂的"喜剧片"。

以前，我是一条没有目标、没有梦想的咸鱼，为了能在现实生活中找点存在感，我选择了打游戏。从五年级打到六年级，我仍然是一只游戏上的"菜鸟"，但是，我不甘"示弱"，拼命地打，才让我找到了在真实世界里已经消亡的存在感。然而，快感只是暂时的，过后却是无边的痛苦。而且，一旦多巴胺分泌过剩，过了这段时间，我就会有种莫大的空虚感。

因为晚上打游戏，白天上课就睡觉。由于上课没听，所以作业就不会写，就会被骂。因为长时间打游戏，不锻炼身体，我几乎一个星期就要生一次病，被同学说是体弱多病。甚至曾经因为厌学，而去逃学。

就在六年级的那个寒假，这一切发生了改变，也结束了我的"悲惨"遭遇。当时，我被妈妈带到浙江温州参加您的学霸课程。我听说上完了课程，我就是学霸了，所以我当然得参加了。毕竟，谁不想成为学霸。那一次，课程上讲了很多的内容，可惜我没有认真听，最初对这样的课程一点也不感兴趣。

随着课程的开展，我认识了很多朋友，开启了人生的上坡路。直到初二暑假，当时我第一次参加520学霸课程，开始我还不怎么积极，所以只当了一个副队长。后来，我开始进入状态，并且去竞选班长，而我的组员在我的带动下都变得越来越积极，助教老师也很用心地鼓励我们。

在我们的努力之下，我们小组拿了两天课程的第一名成绩。虽然最后的总成绩不是第一名，但是我们在努力的过程中收获非常大，这一次活动也让我感受到了我的人生是有价值的。

第二次大转弯是在钱雷老师的好记星课程中。那时，我因为有很多次参加课程的实战经验，顺利当上了组长，并且因为积极回答问题，在钱雷老师的推荐下拿到了人生的第一枚志愿者勋章。这枚志愿者勋章证明了我的记忆力并不是不好的。我以前记不住古诗和英语单词，都把问题推给了记忆力。但是，这一次，因为学会了钱雷老师教的方法，我把所有初三要背的古诗都背了下来，真是不可思议。在这个过程中，我深深地体会到，学习方法真的很重要。前面所做的这一切，都是为了更大的提升所做的铺垫。

初三寒假，我再次参加了 520 学霸课程，并且当上了班长，我们班也连连获得第一名成绩。我们都很积极，为了夺得最终的冠军，我们还想了好些"计谋"，我也因此感受到了生活的快乐、学习的快乐，我认为这才是真实的"原汁原味"的快乐。因为这次我是班长，所以我得履行我的职责，时间一长，我就养成了很多好习惯和优秀品质。这是我始料未及的事情。

回到家以后，我确确实实地做到了 520 学霸课程中所说的主动学习、主动听课、主动复习、主动作业和主动时间管理，并且在老师的督促下每天做"炼丹炉"，每个星期做一次思维导图，在每次考试前都会检查一遍。从第一次参加 520 学霸课程时，我就给自己定了考上普通高中的短期目标，后来我找到了我人生的方向，去国外学习心理学，所以把短期目标改为国际高中。中期目标是考上澳大利亚墨尔本大学，长期目标是成为一名心理咨询师。

我从一个只会打游戏的学习菜鸟，变成一个崭新的更有力量的生命体，就是因为我有了梦想，我给自己制订了具体的目标。为了能考上国际高中，我必须攻下英语，为了能记住单词，我边做俯卧撑，边背英语单词。为了记住英语自我介绍，能够达到肌肉记忆的效果，我连续读了 7 个小时。在口语面试前的 3 天时间里，我会和妈妈做全英语交流，逼着自己用英语说话，最后我连做梦的时候都在说英语。就这样，原本是英语学渣的我，顺利通过了国际班口语面试。就连外籍校长都夸我阳光大方，这让我对接下来的笔试更加信心满满。

接下来的备考冲刺阶段，我也遭遇过挫折，因为我的进步不是直线上升的。同时因为经常在家里独自做练习，我也感受到了从未有过的孤单。好在有王金海老师的早安 365 伴学音频的加油打气。

在备考冲刺的最后关头，虽然时间非常紧迫，但我还是决定继续参加扶鹰学霸二阶课程，因为我需要更强大的力量来激励我。在这次活动中，我被选作组长，身先士卒，带着我们组踊跃发言，积极学习，做好笔记，认真完成作业，最后终于拿到了含金量最高的志愿者勋章。活动回来后，我像又加满了油，为最后几天的冲刺做了最后的努力。但是，我偏偏这几天中暑了，而且消化不良。

考试的最后两天，我还上吐下泻，连起床的力气都没有，但是为了我的目标，我努力克服了身体上的难受感觉，坚持去补习班学习。我从早上9点，一直坚持到晚上10点，老师和妈妈都非常佩服我的意志力。

功夫不负有心人，我终于考上了理想中的国际高中，也离我的目标墨尔本大学更近一步了。在扶鹰的课堂里，我找到了我的梦想，我知道了我生命的价值，我明白了我是为何而活着。

作为孩子的我们，好像非常脆弱，经不起风吹雨打，我就见过太多因为学习整天喊苦叫累的学生，也许你就正在遭遇这种状态。但是，如果我们被唤醒，内心又将是非常坚韧而强大的，强大到连自己都会对自己的改变刮目相看。因此，作为青少年的我们，并不是一张任凭生活随意涂写的白纸。在我们的心底，有种潜藏着的非常巨大的能量，而我们缺少的就是一个火把。把它点燃，足以照亮整个世界。

这个学员大象，是我带过的印象非常深刻的一位孩子。他最初沉迷于游戏，是由于在学习上找不到存在感，在班级里面没有"地位"，在家里常常遭受训斥，他就告别了那个冷冰冰的"家"，闯进了游戏的世界，在游戏的世界里找到了一丝虚假的存在感，同时也把自己的生活和视野局限在游戏这个很狭小的天地里面，而且不能自拔，家长也对此没有一点办法。但是，舒适的存在感毕竟短暂，换来的却是长期的痛苦，因为没有比学习成绩差、身体状况不佳更糟糕的事情了。我想爱打游戏的孩子都深有体会。

可以说，这是一种非常让人担忧的状态。因为爱打游戏，我们就会错失太多成长的机会，也会遭遇太多来自周围的"敌意"，老师不喜爱，父母很气愤。

本来该去锻炼身体的时间，被占用了，去打游戏；本来该去和同学相处，锻炼社交能力的机会，被占用了，去打游戏；本来需要拿来提高分数的时间，也被占用了，去打游戏。你看，因为打游戏，是不是错过了太多我们未来需要的东西。最可怕的是，那些对我们的未来极有价值的知识与能力，我们却一无所获。

但是，这个孩子因为很偶然的机会接触到了我们。在我们的引导下，他给自己创造了梦想，梳理了目标，给自己加油打气。他因为想上墨尔本大学这所非常不错的学校，所以必须努力调整自己欠佳的状态。为了考上国际高中，他边背英语单词，边做俯卧撑，训练背诵英文自我介绍 7 个小时都能坚持下去，再辛苦也不觉得累。他在困难面前，比以前的那个自己看得更高远，他的视野也不再是游戏里的一亩三分地。

墨尔本大学这个梦想，为他打开了新世界的大门，让他看到了一个与游戏不同的世界。因此，他会觉得自己做的都是有价值的事情，学习也就非常努力了。当遇到困难时，告诉自己的不是"我不行"，而是"再坚持一下"。当生病时，告诉自己"可以忍一忍"，而不是"我要停下来"，这是多么坚强的品质！可以说，这绝对是以前的他不能承受的。在寻梦的路上，他变得越来越强大。

我们要想走得远，首先要让自己看得远。因为只有看得远，看到了更加美好的事物，我们才能不被眼前的一点小小苦难和诱惑打倒，才有力气走更艰难的路，看到更好的风景。

二、梦想让我们在竞争中脱颖而出

作为一个过来人，我可以告诉你，学习也好，工作也好，如何面对竞争，是每个人一生的作业。可以说，竞争参与得如何，将决定我们最终能取得什么成就。

真实的人生里，竞争无处不在。小时候，学习是竞争，你的名次往往决定你在班级里的次序，决定你在别人眼中是个什么样的人，非常现实，非常残酷。长大后，你的事业也是竞争，你比别人做得更好，你才有更可观的收入，生活得更加美好，你的愿景才更容易实现。

所以，参与竞争，是我们一生无法摆脱的命题；在竞争中脱颖而出，是我们这一生无法绕过的追求。竞争让我们看到了这个世界的残酷，也让我们看到

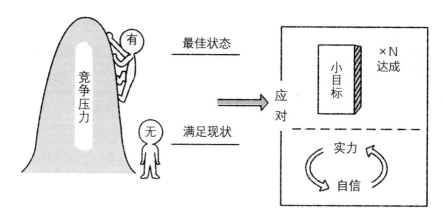

竞争是压力，也是动力

了这个世界的美好。同时，也不可否认，有很多人惧怕竞争，所以我就要说一说，如何不惧怕竞争，并在竞争中做一个强大的自己，脱颖而出。

| 无处不在的激烈竞争 |

扶鹰专注于家庭教育近 10 年，线上课程已经超过 3000 万点击量，线下参加课程的青少年超过 5 万人。我们致力于改善夫妻关系、亲子关系，给孩子们创造一个好的学习环境，教会孩子们如何进行高效学习，如何跟周围的环境友好相处。

我几乎见过各种类型的孩子，深深地知道在学习生活中，可谓高手如云，同学之间的竞争十分激烈。我也经常听很多同学感慨："我小学、初中成绩还

不错，升入高中之后，压力倍增，班上优秀的同学太多！""现在同学们都太厉害了，想进班级前10名都很难，更别提班级第一名了。""有时候，自己学习还挺有趣，但是一跟其他同学比较，就特别沮丧，特别无奈。""多考一分，就要比别人多看那么多的书，多做那么多的试题，真是好辛苦，好艰难。"

你看，很多人的处境就是这样，竞争无法避免，前进又寸步难行。太多的同学被堵在了万里长征的开端，无法扬帆起航。我们希望能为你们提供最佳的方案，帮助你们更好地前进。

孩子们抱怨的话很多，而这些又几乎都是孩子的心里话，我很明白其中的分量。我懂得你们年纪轻轻，就要面对如此巨大的学习压力，十分辛苦，也十分不容易。因为在你们父辈或者爷爷辈的那个时代，虽然生活很艰苦，但是不会有那么多如此复杂的问题要去面对。有的孩子会说，虽然我不是学习最好的那个，但是我已经很努力了！是呀，同样一个考试分数，放到自己面前，或许觉得都是自己辛苦努力所得，自己都被自己的努力给"感动"了。但是，一和其他同学相比较，就真的感觉自己怎么那么"弱"，好沮丧！

这些年来，很多孩子走进了我们的课堂。我也帮助很多孩子在学习成绩上实现了人生逆袭。他们的逆袭之路虽然各不相同，但是他们之所以逆袭成功，非常重要的一点就是，我告诉了他们在一个真实的、充满竞争的世界里，应该如何积极地应对竞争，在竞争中脱颖而出。

很多时候，成绩不理想并不是你能力不行，也不是你不够聪明，而是信心不足或者方法不对。或许你周围都是优秀的学生，优秀学生在一起，山外有山，人外有人，竞争更加激烈，但这并不是坏事，它应该激励你去奋斗，让你变得更加优秀，而不是让你自甘堕落。

我是两个孩子的妈妈，记得 2018 年是我人生最低谷的时候。儿子上初中，进入青春期，非常叛逆，成天沉迷于游戏，不分昼夜地打。他还约上同学一起打，打得很投入，无法自拔，导致学习成绩一落千丈，竟然考了全班倒数第一名。

我当时整个人都崩溃了，焦虑、迷茫、无助，不知如何是好，把所有的情绪发泄到老公和孩子身上，导致儿子离家出走。我和他爸找了一整夜，终于找到了他。回到家之后，我又气又心疼，不知如何是好，打又打不得，骂又骂不得，我不停地问自己怎么办？

我当时感觉，这孩子就要废了，谁能帮帮我拯救下我的孩子？一个偶然的机会，一个朋友把我拉进了一个扶鹰家长群，在群里我听到了老师的语音课，我感觉抓到了救命稻草，因为老师讲的一些案例正是我儿子身上的毛病，我很期待在这些课程里找到解决问题的答案。

后来，听说王金海老师过一段时间还要来上饶开课，我立刻报了名。开课当天，我连哄带骗地带着我的儿子一起去上王金海老师的精品课。可是，儿子只听了一个多小时就说要走了，与同学打篮球去。他说："你要听，就一个人坐在这听，我走了，我去玩了。"

我真的没有办法，课堂里只剩下孤独的我，继续听完了王金海老师的全部课程。听完之后，我感觉收获很大，王金海老师满满的干货深深地触动了我，我觉得这正是我要找的帮助。我下定决心，要跟着王金海老师学习，找到帮助孩子的方法。到了暑假，我用了种种办法，哄着儿子去杭州参加扶鹰的学霸课程，连续参加了 5 场。

记得第 5 场是在 2018 年国庆节的 10 月 1 日至 3 日的学霸二阶课。这一次，我儿子拿到了志愿者勋章。当时拿到勋章的时候，我看到儿子的表情非常愉悦，居然还对着勋章亲了一口。我感觉这枚勋章对我和儿子是如此重要，如此珍贵，可能它真的太来之不易了。这枚勋章给了他无限的力量。

在回家的路上，他的心情既愉悦又复杂，突然对我说："妈妈，我将来走上社会，要成为对社会有价值的人。王金海老师说，只有有价值的人，才是善的人，才能照亮别人，报效祖国。要想成为有价值的人，只有现在努力读书，以后才能实现价值。"这样的话，能够从他的口中说出来，我真的是太激动了。

他决心戒掉手机，要好好念书。我听到儿子这么一说，立刻就问他，那你如何戒掉手机游戏呢？他说："妈妈可以把手机藏起来吗？"他很怕经不住诱惑，又会偷偷玩，丢掉手机又觉得可惜。我说手机用上几年也会淘汰的，有很多功能也会慢慢消失的，就变成了一个"死机"。他说那就丢掉好了。

没想到当天晚上回到家，他到江边把他心爱的手机放在地上，凝望了3分钟，甩到了江里，还向我和他爸两人深深地鞠了一躬，并说5年后考上了大学，会再次感谢我们俩。

从那以后，他开始发奋读书，不畏艰辛，十分努力。

记得是在初三的下学期，第三次月考，他居然考出全班第一名的好成绩。2020年中考，他考入了江西省一所非常好的高中。接下来，是他高中的3年学习生涯，现在他一直在努力当中进步，相信3年后一定能考入理想的大学。

如果没有人去点燃孩子的梦想，有的孩子会在惯性中生活，爱打游戏的，整天打游戏，把自己的学习成绩弄到最后一名；不爱读书的，继续不读书，对未来没有一点想象力。这样的孩子大多会因为自己痴迷游戏，或者毫无追求，跟父母和老师产生矛盾，导致非常严重的教养和社会问题，甚至可能面临牢狱之灾。

如此令人悲伤的故事，在我们这样一个人口众多的国家里不断发生，令人非常惋惜。但是，在这个从倒数第一名逆袭到第一名的故事里，我找到了我所做事情的意义，我知道我所做的事情，正改变着孩子们这种逐渐恶化的状况，让那些"沉沦"的孩子，找到不断生长的动力，走上一条截然不同的道路。

如果没有考试，没有分数，没有这么明确的竞争结果，可能这个孩子会一直沉迷在没有价值的游戏之中，也不可能被刺激着做出改变，他的未来可想而知。这种状况，还很可能会持续到他有一天发现问题却为时已晚的地步。很多的孩子，不就是这样成了一个平庸的人，甚至是一个堕落的人的吗？但是，至少现在，年轻的我们，还没有到为时已晚的地步，从现在开始改变，一切还来得及。

在成为班级第一名的道路上，这个孩子把自己心爱的手机扔进了江水里，与之诀别，也与之前的那个不自律的自己诀别。我非常佩服这个孩子的决心！如果不是渴望实现自己的梦想，在火热的学习竞争中脱颖而出，哪来的这么大的决心！而且，英明的爸妈也非常支持他的这种行动，给了他巨大的力量。这让我看到了父母和孩子的共同成长，很多时候父母对孩子的支持和帮助都是巨大的力量，鼓励着孩子前进。但是，在生活中，我也看到了太多父母的不作为甚至是"反作为"，他们在毁坏孩子们的成长和未来。

当然，结果没有辜负这个孩子的辛苦付出，证明了这个举动意义非凡。他实现了学习的逆袭，从倒数第一名到第一名，非常了不起。我想如果多年以后这个孩子回想起这一幕，内心一定对自己、对父母充满感激，因为这一步改变了他整个的人生走向。可是，如果没有外力的作用，他根本不可能出现这样的改变。在我看来，这是一场孩子的自救行动，给自己换来了一个好的未来。

我们都听过狼和羊的故事。在草原上，如果没有狼群，那么羊群最后会因为没有天敌，生活太安逸而丧失活力，最后会有很多病死，羊群甚至会绝迹。但是，一旦有一群狼出现，羊为了躲避狼的追捕，就要不断地奔跑，反而会变得身强体壮。这其实就和我们的生活差不多，如果没有第一名的存在，最后一名恐怕永远不知道自己是最后一名。而只有那些人生动力被激发的人，才有力量去争取第一名。

我们一直在努力地唤醒孩子心中的价值感，让孩子们感觉到自己的生命是有光彩的。对孩子们来说，报效祖国是个伟大梦想，成就自我也是很伟大的梦想。如果心中充满这些积极的信念，相信我们的人生必是辽阔之地！

三、梦想塑造我们的未来

我们之所以如此重视梦想，是因为梦想具有激发我们进取的强大力量。它会不断地激发我们潜意识里的能量，驱使我们向着既定的美好未来前进。

可以说，是梦想塑造了我们的行为，也塑造了我们的未来。如果一个孩子不想成为班级前十名，那么他就不会有什么更进一步的学习动力，也就不大可能取得进步。但是，那个班级倒数第一名的孩子，因为有了很美好的梦想，才把自己的手机扔进江水中，进而努力克制自己，刻苦学习，也才有了逆袭为第一名的好成绩。人就是这样，一旦决定要把自己的成绩提高到一个新的档次，总会想一些办法。

人的潜能是无限的，只是打开这个潜能的大门并不太容易。很多孩子虽然非常聪明，却有可能一生都不知道该如何打开自己。这就像一个人守着一个仓库的黄金白银，却没有办法打开大门取到黄金白银。拥有大量财富，财富却不能为你所用，岂不非常可惜？事实上，很多的孩子守着自己的聪明大脑，却一味做着打游戏这种没有意义的事情，而不去思考在学习中如何更多更好地获取未来服务社会、创造美好生活的知识与能力，正好比站在黄金白银仓库门口而不知如何开门一样，浪费了人生之机会。

就学习这件事情来说，有梦想、有进取心的孩子则不同。他们认为学习是自己未来成就一番大事业的开端，即便眼前的一道平常题目，也能像做一个伟大工程一样看待，极其认真，兴趣浓厚，心中充满无限的美好想象。这种感觉

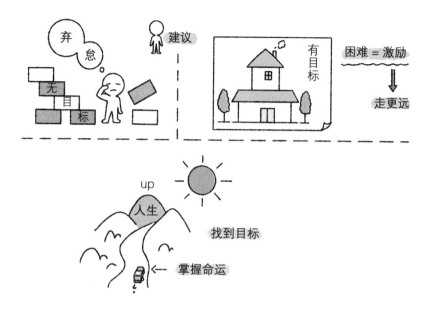

找到目标就掌握了命运

会激励着他不断努力学习。最后，他考上了很好的高中，上了世界名校，进入世界 500 强企业工作，成为杰出人才。这样的例子，从来都不缺乏。

| 我的人生被改写了 |

我叫壮壮，来自河南。以前，我是个喜欢打游戏的人。当时，读初一，我的状况是学习没有目标，成绩中等，心里不是很明白学习是为了什么，每天时间都被排得满满的，却完全没有学习的动力。那时，感觉和其他事情比起来，游戏才是最好玩的。

每天一放学，我就想着打游戏，又担心被爸爸妈妈知道，所以偷偷地玩。有时候，最多一天能打好几个小时，可以算是心智完全被游戏给占领了。

当我已经无法自拔的时候，妈妈拖着我们全家来到杭州参加了扶鹰的线下课。一开始，我以为这是什么传销组织，内心充满排斥情绪。但是，听着听着就被王金海老师幽默风趣的讲课方式打动了，自己心里想着王金海老师讲得还挺有趣。在回家的路上，我就下定决心将来也要考上博士，像王金海老师一样博学。回到学校之后，我也是信心满满，但是没过几天又沦陷了，完全找不到方法。后来，我们全家经过一次又一次来到扶鹰的浸泡学习，爸爸妈妈也改变了很多，他们对我更加有信心，给我更多的支持和鼓励，我也找到了改变的方法。

我参加了学霸二阶课程和一次游学，获得过两次提名，还荣幸地当过一次预备助教。我删除了手机里的游戏和抖音，彻底和它们说再见。我在生活中，也更加主动和担当，目标也越来越明确，越来越有学习的动力，成绩也有了很大的飞跃。我们学校没有排名，但是我有好几门课都跳了一个等级。

老师以前隔三岔五写邮件给我爸妈，反映我的不良表现，说我忘记写作业等等。现在，老师经常写邮件来表扬我。有一次，他还特别写邮件给妈妈，问他们给我做了什么，为什么我会有如此大的改变？说我简直像变了一个人。我也因此变得越来越有信心，也越来越愿意参加学校的各种活动，还在去年微电影比赛中获得了一等奖。我现在的目标是，考入美国麻省理工学院，尽管这个目标看起来很雄伟、很遥远，但是它确实在改变着我的生活。

对一个普通的学生来说，考上麻省理工学院极其不容易。因为这所美国名校面向世界招收优秀青年，竞争者数量巨大，几乎每个人都是尖子生，甚至很多是天才。一般而言，考上麻省理工学院对一个"学渣"来说，无异于天方夜谭。

但是，世界上的事情就是这样，很多你觉得不可能的事情偏偏会发生。这个孩子将麻省理工学院定为目标，从定下目标的那一刻起，他就走上了一条跟之前完全不同的人生轨道，他会告诉自己努力、努力、再努力，克服惰性，实现改变。他以后的生活，也将由这个梦想来塑造。也有同学会想，如果他考不上麻省理工学院怎么办？可是，你要想，即便他没有实现去麻省理工学院的梦想，但是他的人生已经被改变了，而且变得越来越好，这不是一件很好的事情吗？

第二节　梦想和目标在哪里

梦想搭建了一片新天地，里面的繁华景象吸引着我们前行。如果一生中可以遇到这样一个改变自己的梦想，将是多么幸运的事情。可是，说到底，我们的梦想在哪里呢？我们又该如何才能实现梦想呢？

在你的班级中，是不是有很多优秀的学霸？看着这些已经扬帆起航的孩子，而自己却还在原地不动，或者正在走下坡路，是不是心里非常着急？

所以，今天，我就要教你如何找到自己的梦想，如何为自己的梦想设计一个个小目标，沿着目标前进，让自己的梦想成为人生不断向前的强大动力，推动自己到达成功的彼岸。

一、如何找到属于你的梦想

我在做扶鹰教育的近10年时间里，见到过太多的孩子，其中有很多都像刚见到大象这个学员时的感觉，很迷茫，很无助。有句话，让我一辈子都无法忘记："哀莫大于心死，愁莫大于无志。"听到这句话，不知道你会有什么感受。但是，我却从一些青少年身上，深切地体会到了这句话的分量！

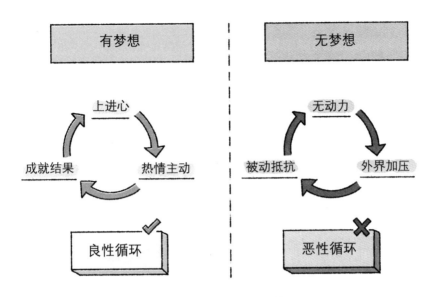

没有梦想，就没有期待

| 你的梦想哪里去了 |

记得刚开始做线下课程的时候，我给学员们布置了题为"我的梦想"的课程作业。本以为面对这个题目，他们有很多话要说，然而整整一个小时过去了，他们却仍在思考自己的梦想是什么。而我，在惊讶过后，用了很长时间为他们"寻找梦想"。

我问学员："难道你们没有喜欢的东西吗？"他们轻轻摇摇头，有的低头露出迷之微笑，不说话。

我又问："那你们平时回家都干什么啊？"他们回答："放学回家吃饭，做作业，然后睡觉，有时候作业要做到很晚。周末暑假，还要上各种辅导班。"

我一时语塞，不知说什么好。

我用了两节课的时间引导他们如何发现自己的兴趣，告诉他们拥有梦想的重要性。让我欣慰的是，几年过去了，很多本来只想混混日子的学员现在都成了优秀的青少年，不仅考上了理想的大学，还在继续追寻梦想的道路上不断前进着。

在青少年身上见到的这些状况，令我十分担忧。虽然我改变了很多像大象那样的孩子，但是，中国那么大，不知道还有多少个像大象这样的孩子，需要人们伸出援手，拉他们一把。如果你拉他一把，他们就会走向生活的另一面，变得积极起来。

但是，让我感到难受的是，作为朝气蓬勃的青少年，很多孩子却不知道自己的梦想是什么，甚至不知道自己擅长什么，自己在生活中热爱什么，对未来也没有一点期待。似乎生活就是吃喝玩乐，就是打游戏，然后抽点时间写写作业，写完作业就万事大吉。我甚至从太多的孩子的眼神中看到了迷茫，看到了生活的无趣，看到了内心的空洞，看到了对这世界的无所谓。这样的孩子就像一个个失去灵魂的"木偶人"，让人十分心痛。

记得每年填报高考志愿的时候，有太多的考生苦恼于不知该选什么专业，甚至不知道自己的爱好和特长是什么。明明是自己要上大学、要学专业，却要父母到处询问别人、到处找资料，去给自己选专业、选学校，而自己也完全不关心自己将来学什么，在哪里生活。这些原本需要自己去做的事情，都分摊给了父母。当父母非常焦急，到处求人打听如何选报学校和专业的时候，这些孩子却打起了游戏。考上大学之后，又有太多的孩子沉迷于吃喝玩乐，对学习毫无上进之心。

为什么现在越来越多的年轻人，在最该努力的年纪，却失去了斗志，选择了安逸享受？对这个问题，我做过很多的思考和研究。很明确的一点就是，因为没有梦想，没有目标，没有期待，于是就没有行动，也没有进取之心。在他们眼中，未来是什么，并不重要，他们也不想问，反正现在是有吃有穿，有人管着，有游戏打，可以玩的东西太多。

可是，有一天，当我们走向社会，为了找一份好工作而发愁的时候，为了买房子而焦头烂额的时候，当自己的孩子因为找不到一所好的学校上而烦恼的时候，也许你就感慨为什么当初不好好念书，提升自己，可惜那时已经太晚！

所以，我们要相信，这一切现在还可以被改变，还能变得更好。我们的人生，志向不可欠缺；在苦难面前，热情与动力也不可欠缺。就像被追赶的羚羊一样，人只有有了动力，才会努力向前奔跑。梦想也绝不是可有可无的东西，它能让我们从许多的诱惑中解脱出来，从眼前的困境中挣脱出来，奔向美好的前方。

总之，如果找不到梦想，你所做的一切都是外在强加的，是老师家长要求的，是别人期待你做的，你是被动的、很痛苦，也就很难做好。而家长和老师就会更加逼迫你去做，这是一个恶性循环。但如果你有梦想，做什么事都是发自内心的、主动的，周围的人就会相信你，你就更有力量，就会有成就，就会有一个良性循环。

| 如何评价孩子的梦想 |

我看到很多孩子因为参加了我们的课程，走上了"另一条轨道"。我知道这条轨道与之前那个沉迷游戏、不爱学习、被动消极的轨道截然不同。这使我非常欣喜。

每当孩子们把自己的短期、中期、长期目标拿到我这里，让我评价，或者把自己的梦想说给我听的时候，我们都会非常珍惜这么一次"教育"的机会。我知道，这是一个很难得的时刻，我要鼓励这些孩子"造梦"。

比如，有个孩子跟我说，他想上四川大学的数学系。四川大学数学系在全国非常有名。但是，他目前的学习状况不太理想。我并没有跟他说，你读四川大学有多难之类的话。我反而觉得这个梦想，并不是那么遥远，实现的可能性非常大。

于是，我帮助他制订学习计划，陪着解决学习中遇到的问题。到目前为止，这个孩子已经可以做到每天不打游戏，持续性地做习题，比之前的自己前进了一大步。这时，我就继续鼓励他，不要骄傲，要做好打持久战的准备。

在我看来，他离自己的目标越来越近，不久的将来一定可以实现目标。

如果你是一位孩子的父母，面对这种情况你会怎么办？也许你会劝孩子"务实"一点，先戒掉玩手机的瘾再说。但是，如果这样，父母就非常直接地打击了孩子的信心，可能就让孩子错失了一次更好成长的机会。这对孩子来说，将是非常可惜的。

所以，父母应该鼓励孩子"造梦"，而孩子自己也要学会"造梦"，做一个"梦想家"。因为，人生里有梦，生活才能是彩色的，你才有走下去的心情，也才能走得更远。不管你觉得自己的梦多么荒诞，多么不可思议，但是只要它是催人奋进的，就应该鼓励自己去尝试。

这里，提供几个建议和方法，可以帮你找到自己的梦想：

方法一：请你闭上眼，想象一下，很多年以后，梦想实现了，回故乡的场景。你的梦想也许是财富、身份、伟大的贡献，只要是积极的，都是可以的。

这些场景可能是你在奥运赛场夺冠，考取了钢琴十级证书，或是提前实现十年人生规划。你的内心充满欢喜，大家的热情感染你。这种方法可以激起你对美好未来的憧憬，唤醒你沉睡的心灵，激发你对生活的热爱。

或者写出一个你内心特别渴望，并且对自己和社会来说都很有价值的事情。总之，一定要唤醒你那很久没有激情澎湃的心灵。

方法二： 下面几个问题，可以帮助我们反思和追问梦想时使用：

（1）到目前为止，你对自己在生活和学习中的所得，是否真正感到快乐？

（2）你想做更多的事情吗？

（3）在生活中，有没有总想去做，却从未顾得上做的事情？

（4）有没有你曾失去过机会，却想再次开始的情形？

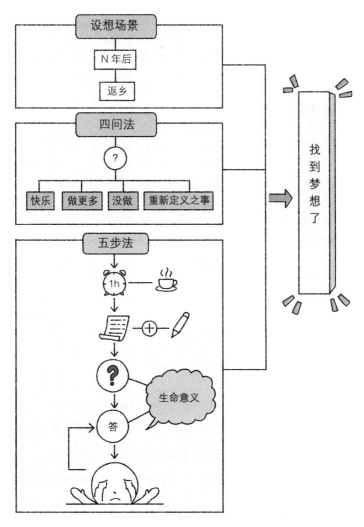

找到梦想的指南表格

这些都是你内心的渴望，也许你一直以来都梦想上一所世界名校，可是你知道那将是非常困难的。但是，你依然可以想象你成为这所学校里的一名学生，坐在教室里听课的场景。你们一群年轻的孩子，在教学楼里，或者在校园的大树下，畅谈知识和未来的场景。甚至是刚上大学的时候，大家席地而坐，介绍彼此时的新鲜时刻。

方法三： 下面几个步骤，也可以尝试一下，会更好地让自己感受到自己的内心究竟在渴望着什么：

（1）找出一个小时完全空闲的时间，关掉手机、电脑，关上房门，保证这一个小时屏蔽外界一切打扰，给自己一个完全安静的环境。

（2）准备几张大的白纸、一支笔。

（3）在第一张白纸的最上方中央，写下一句话："我这辈子活着是为了什么？"

（4）接下来你要做的，就是回答这个问题。把你脑中闪过的第一个想法马上写在第一行。任何想法都可以，比如"考上名牌大学""孝敬父母"……

（5）不断地重复第（4）步，直到你哭出来为止。

如果你从来没有想过自己的梦想和目标，可能需要一些时间进入状态，但你每思考一次就会发现自己离梦想更近了一步。梦想或许就是你内心非常渴望的那些你认为人活在这世间最为美好的，却还迟迟没有到来的东西。

二、给梦想设计一个可行的目标

光有梦想远远不够，就像我们登山，心里想着美景固然令人激动，但更重要的是找到登山的路。这条路，就是不断实现一个个目标的过程。梦想可以很遥远，很宏大，但是目标一定要具体，要切合实际，加把油就能实现。

| 小河的目标清单 |

我是小河，我初中就读的学校是一个示范初中，我还被分到了重点班，原本成绩非常好。我也想学好，但由于我是青春期遇上父母的更年期，爸妈经常非常焦虑。他们隔三岔五对我吼叫，像一个紧箍咒，勒得我心慌。

由于家庭原因，爸妈经常吵架，让我觉得很压抑。我渐渐地对学习失去了动力，成绩一直在下滑，最后成功地成了班级里垫底的人。我开始沉迷游戏，玩到半夜，感觉网络比现实有趣得多，比天天考差还要面对吵架的父母有意思多了。于是，我把自己关在房间里，很少跟父母沟通。

初三开始，我发现爸妈经常听网络课程，有时还会拉上我去听课，然后对我的态度也在慢慢变化，不再那么唠叨，经常鼓励我。我也想考上一所好的高中，但按我当时的成绩，连普通高中都考不上。在爸妈的影响下，我也有了紧迫感，就主动跟父母提出补课，不玩游戏了。经过努力，一年左右的时间，成绩进步了200多名，考上了一所还算不错的高中。

刚进高一，由于我的基础比较弱，全年级500个人左右，我的排名是在400多。我备感压力，有点迷茫。我爸妈参加了好几次扶鹰的二阶、三阶课程。他们就再也没有吵过架，在家里也是有说有笑，氛围很好。爸妈对我的肯定也越来越多，没有像以前老问我的学习成绩，更多关心的是我的身体状况。我跟爸妈可以轻松聊天，我也主动跟爸妈说我的学习。父母对我越来越信任，把手机交给我自己管理。我最近把手机上的游戏全部删掉了，不再像以前那样沉迷手机。放假在家，虽然也会在电脑上玩一点游戏，但是没有以前玩得那么多了，一般玩一两局就结束了。我下定决心克服学习的惰性。

第一，制定好自己的短期、中期、长期目标。短期目标是进入班级前5名，年级前10名；中期目标是高考达到一本线上50分，考一所国内211大学，然后读研究生；长期目标是做一名有级别的室内设计师。就我的资质和我目前的学习状况而言，这些目标刚好是努力一下就可以实现的。

第二，上课认真听课，跟着老师的思路，与老师积极互动，有不懂的问题就主动去问老师。以前，都是因为怕嘲笑，不敢问老师。但是，当我问了老师之后，我就发现，问老师好像也不是多么难的事情。

第三，我会在中午11点以后，在一间学校提供的自习室里面学习，比别的同学在学习上花更多时间。在其他同学攀比衣服和鞋子的时候，我在看书、学习。

我不仅给自己制定了目标，还将这份目标整理成一份清单，挂在自己卧室的墙上，并且在自己的课桌上也贴了一份。做完目标清单以后，还请父母给自己提意见，并且请父母监督自己实现目标。

就这样，在高二上学期，我的成绩到了班上的第三名，保持在年级的50名以内。排名的进步，给了我很大的鼓舞，离自己的目标又靠近了一步。我知道自己还有很大的提升空间，但我相信我一定能实现目标：只要坚持努力，每天一小步，一年就一大步了。

小河用目标清单给自己的人生赢得了一个转机，相信年轻的你，也可以为自己接下来的人生画上精彩的一笔。刚开始，你最缺少的也应该是一个目标清单。以下方法，可以让你更好地设计自己的目标。

（一）设计目标时应避免雷区

设计目标，一定要遵循规则。否则，要么由于各种原因，难以坚持下去；要么就是目标太难实现；或者目标轻易实现了，对自己来说，却没有什么成就感。

1. 目标脱离当下，不知道如何开始

从小到大，我们的学习、生活都是被父母和老师安排，自己也没有深入思考过自己擅长什么、喜欢什么，没有做过主，忽然之间让自己设计目标，不知道自己能做什么，对自己一点也不了解。因此，这时自己去设计目标，难免会不清楚自己的当下状况，不知道该如何开始。

这也是很多同学即便有了目标，也不行动的一个很重要的原因。就像你要上楼，却不知道楼道在哪里，你找不到第一个阶梯，即便你有再多的力气，你身体再强壮，也没有地方去发挥。

所以，看清你自己，了解你的当下，才能设计恰当的目标。小河给自己设计的目标是非常恰当的，因此他在高二上学期就可以考到班级前 5 名，甚至比自己的目标还更高一些，这样的目标并没有脱离自己的实际情况。而且短期目标实现得快一些，也是给自己的鼓励，非常有利于接下来目标的实现。

2. 目标定得太笼统，或者不切实际

有些同学目标设定得太笼统，比如我想当企业家，这是梦想，却不能当作目标。或者目标设计得太不切实际，比如，如果你已经高三了，按照目前剩下的时间和你的能力，明明只能上一个不错的本科，却非要把名校作为自己的目标，这就很艰难。

目标定得太笼统，或者不切实际，说明对自己的现状认识得不清楚，也会让我们在执行的时候出现各种偏差，目标的实际指导意义就会丧失。如果实现这个目标，我们要累死，至少累得够呛，也还是达不到，我们的积极性将会受到严重打击；如果目标太简单，还没有体会到什么奋斗的感觉就实现了，就没有什么激励作用。

因此，设计目标，既不能笼统，也不能不切实际，要善于从自己的过往经验和自己的现状中，总结出适合自己的目标。小河的目标清单，不仅有短期、

中期和长期目标，甚至还有一些更细致的要求，比如中午 11 点以后多学一会，然后通过每天的积累，达到积小胜成大胜的目的，而且他还告诫自己在心态上不要和其他同学攀比。这些表述说明小河不仅制定了切合实际的具体目标，还告诉了自己要如何做。

3. 不相信自己能实现目标

目标要在我们心中有个清晰的样貌。很多同学之所以不愿意给自己设计目标，或者设计不出好的目标，是因为他总是有心理暗示，不太相信自己能实现目标，感觉目标仿佛是一根系在脖子上的绳索，牵引着自己，让自己很不自在。

我们应该放下心理负担，认识到，目标是要一步步实现的，并不是一蹴而就的。所以，它不是让我们一步登天，而是让自己逐渐接近梦想。目标在心中有清晰的样貌，我们达成目标的路子才比较清楚。这样，在设计目标的时候，我们就有足够的理由让自己相信，这些目标一定可以实现。

把目标定得切合实际，定得具体而细致，我们就有理由相信自己一定可以实现目标。小河的目标清单非常能够说明这个道理。他没有给自己定下非常宏大的目标，相对而言，非常稳重，对于每一步的行动来说，都非常有利。所以，他坚信一定可以实现目标。

（二）要分清目标的层级

设计目标的时候，应将短期、中期和长期目标相结合。

将目标分层级，会让我们的目标更加清晰，激励作用更加明显。没有目标，或者只有长远目标，或者只有短期目标，都不会对人有长期的激励作用。长期目标是你未来的梦想，是你人生为之奋斗的方向，比如我的梦想是做教育界的阿里巴巴，我要让天下孩子都爱上学习。

短期和中期目标，是多努力、加油干就能实现的目标。在制定短期和中期目标时，重要的不是自己和别人比，而是自己和自己的潜能比。别人是第一还是倒数第一跟你没关系，你要根据自己现在的状况，给自己制定更加切合实际的目标。

短期目标不能太高，太高了一旦摔下来，会把你的自信摔掉；短期目标也不能太低，太低了会让你失去拼搏的斗志，也很难最终实现长期目标。所以，设计短期和中期目标，既要能够得着，又不能太简单。为了保证目标的实现，制定短期和中期目标还要遵守以下规则：具体、可量化、可达到、有时间限制。

小河的目标分成了短期、中期、长期三个层次，三个层次的递进关系非常恰当，没有出现太大的跨度，并且每个目标都有量化标准，非常科学，让人一目了然，操作性非常强，有利于他在接下来的学习生活中不断成长。

（三）目标要写出来才有力量

如果自己制定的目标只是在脑子里盘算一下，可能过不了多久，就会把它忘得一干二净，那么这份计划就没有意义了。而写出来，甚至是贴在墙上，每天提醒自己按照目标前行，就形成了非常强大的推动力。

目标要写出来才有力量。因为目标贴在墙上，每天都可以看到，永远不会被忘记。小河的目标被整理成了清单，贴在了墙上，放在了自己的课桌上。他每天早上起床的时候，可以看上一眼，然后充满能量地去上学。到了中午的时候，看一眼课桌，就明白了自己接下来要做什么，脑子里形成了一个非常清晰的思路，也就可以避免很多杂念的干扰。

做事情要讲效率，而目标清单就是一个非常好的提高效率的工具。按照我们用心总结的清单，每天前进一小步，伟大的目标就变得触手可及了。

三、如何看待追梦路上的挫折

梦想，一定是那些我们需要付出巨大努力才能得到的东西，否则梦想就不会有催人奋进的力量。就像无数革命先烈为了共产主义理想奋斗了一辈子，但是现在共产主义事业仍然在路上一样。如果你学习历史，你会发现共产主义事业发展到今天经历了太多的挫折。但是，人们相信共产主义一定可以实现。那么，你有没有想过，如果在追梦的路上，我们被现实的挫折打得头破血流，该怎么办？

｜ 梦想不仅是彩虹，还有风雨 ｜

我是小哲，一年前，我还是一名初一的男生。那时候，我对学习并没有什么信心，不知道为什么学习，找不到学习的动力，也不知道该怎么学习。上课不认真听讲，回家也不想好好做作业，以至于成天在父母的催促和说吵下，不情不愿地写作业，成绩自然一塌糊涂。

在年级500多名学生中，我只考了400多名，这个成绩时常让我想挖一个坑把自己埋进去，感觉做一个人一点面子都没有。因此，我就判定自己根本不是学习这块料，怎么学都学不会，想着要放弃。

但是，我的妈妈不知道什么原因，接触到了王金海老师，听了他的线上课。之后，她开始发生剧烈转变，对我变得非常温和。看着她的改变，我在想我自己是不是也可以试着改变一下。于是，我也听了王金海老师的课，知道了我学习不好，主要是因为自己没有目标，不懂得规划学习。为了进一步提高学习成绩，我参加了扶鹰的520学霸课。

在扶鹰夏令营近10天的学习，我和小伙伴一起进步、一起成长，不但锻炼了自己，也知道了应该怎么学习，还为自己规划了人生目标。在一番思索之后，我把短期目标定在考进年级前30名，将中期目标定在考上市内最好的高中，长期目标是考上复旦大学。

目标制定以后，刚开始，我还能按照目标，按时复习功课。但是，两个星期过后，我就有些坚持不下去了，觉得这样学习太累，还不能去玩自己想玩的游戏，于是我的成绩并没有得到多少提升。

初二的寒假，我又听了许多王博士的课程，他告诉我们，成功是留给坚持不懈的人的。我因此深受启发，我想是不是我还不够坚持，或者我还没有把握住520学习法的精髓。如果过早放弃，也许是非常可惜的事情，因为"方法不是巫术和仙丹，不可能做到药到病除"。于是，我就想要不再坚持一下吧，也许有用呢。最后，我决定修订学习计划，按照八爪鱼计划图给自己定下了每天的学习任务，并且请我爸妈做监督员，帮助我完成自己的目标，咬咬牙，坚持下去，看看到底能够学成个什么样子。

我将我的目标贴在墙上。每当想放弃的时候，我就去盯着它们看。后来，在统考中，我的成绩一下子进入了班级前5名。这让周围的人都对我刮目相看，也让我自信心爆棚，我也不再觉得自己不是学习那块料了，只是当时没有找对方法。现在有了目标，每天根据计划来完成，不荒废每一天，也知道了游戏短视频背后的赢利套路。期待美好的明天，更加灿烂。

在追梦的路上，我们需要科学的方法、脚踏实地的精神，更需要顽强坚韧的品质，以及及时调整计划的心态。就像小哲所说："方法不是巫术和仙丹，不可能做到药到病除。"千万不要期待有了梦想和目标，马上我们就成了学霸。必须告诉自己，不管有多艰苦，一定要坚持下去。

小哲以前学习非常被动，不懂得科学的学习方法，连主动学习的热情也没有，处在典型的没有开启人生动力的状态。妈妈催着他学习，反而让他产生了抵触情绪，经过几次学习上的失败之后，他很轻易地给自己贴了一个标签:"我不是学习的料。"我想很多的孩子都像小哲一样，经不起折腾，轻易给自己贴上了否定的标签，经过长时间的失败，结果自己就真的"不适合学习了"。但是，小哲很幸运，因为他遇到了一个很好的机会。

他从妈妈那里接触到了扶鹰，受到妈妈的启示开始接受扶鹰的教育理念，开启了人生动力，还给自己订了一份比较适合自己的人生规划。这是非常大的进步，如果按照这个路线走下去，他的未来不可限量。但是，刚刚起步，他就被自己的惰性给打败了，也就是在追梦的过程中遇到了挫折。小哲虽然有了人生规划，但还是感觉学习很累，对改变之后的状态非常不适应。我想很多孩子在改变的过程中，都会遇到这类问题，毕竟我们只有在走上坡路的时候才会遇到阻力！而想走下坡路几乎不费任何力气。

但是，小哲没有放弃自己，第一次改变尝试失败以后，他反复琢磨了自己没有成功的原因，找到了问题的根本所在。于是，他根据八爪鱼模型重新修订之前的规划方案，并且请爸妈监督自己完成每天的学习任务。果然，这次计划调整之后，他获得了优异的名次。这证明了自己的调整和坚持是正确而且非常必要的。所以，当我们有了梦想和目标之后，在走向目标和梦想的过程中，一定会经历几次反复的过程，但是不要怕，也不要轻易放弃，调整一下你的方案，多请一些人给自己打打气、鼓鼓劲，并且监督自己，相信你一定能够在这个过程中达到目标。

第三节　如何拥抱梦想，实现人生飞跃

为了实现梦想，我们给自己制订了短期、中期和长期的目标，我们知道只要这些目标依次实现，我们的梦想就被牢牢地抓在手中了。但是，一切写在纸上、说在嘴上的东西，都是简单的，真正要行动的时候，却并不那么容易。比如，晚上计划着早上早起10分钟，结果到了早上，一分钟也没有早起。这就是说，做和想虽然目标一致，但用的力气可大不相同。

面对梦想，很多人容易成为"口号的巨人，行动的矮子"，说得非常好，但是行动起来就不行了。怎么办呢？有句老话说得好，人要立长志而不是常立志，这就是解决方案。

| 把学习变成一件简单可观的事情 |

我叫浩浩，来自厦门。我参加过扶鹰线下的北京游学活动，也参加过扶鹰的井冈山游学活动，并且对扶鹰的活动非常期待。我现在读初三，马上要进行中考了，在这段紧张的备考中，我感到了身上的疲惫和精神上的紧张。

因为参加了扶鹰的学霸课程，我开启了自己的人生动力，时常激励自己，"天将降大任于斯人也，必先苦其心志，劳其筋骨，饿其体肤，空乏其身，行拂乱其所为，所以动心忍性，曾益其所不能"。面对压力，我的排解方法是听音乐，这样可以让我安静下来，然后上课的时候可以全身心地跟着老师走。我知道，跟着老师走，其实就是在走捷径，这是我给自己制订的一个看似普通却非常有效的学习路径。

课间 10 分钟，我有意识让自己走动一下，其间一边思考问题，一边背一些单词。放学后，对于每节课，我也是认真复习，做到温故知新。

我知道大目标的达成，是由小目标的达成组成的。所以，我懂得该如何给自己选择合适的路径，给自己设置路标，让自己不至于走偏路，通过实现小的目标达成大的目标。

比如，我会使用艾宾浩斯记忆曲线来回顾知识，这让我不至于迷失于数量巨大的知识信息之中。我知道记忆在保持时间上是不同的，有短时记忆和长时记忆两种，新的知识点需要在经过进一步强化后才能成为长时记忆。长时记忆的保持时间有长有短，不及时复习，就像记住的英语单词一样很容易遗忘。反之，它们就会长期保存下来。了解这样的规律，让我的学习变得容易很多。而在这里，复习的节奏特别重要，这是一个很好的路标。

现在我的状态让我想起了 2020 年疫情期间的自己，真是天壤之别。那时候，我整天拿着手机，躲在自己房间一遍又一遍地打游戏，看似在上网课，而手中却在玩，学习置于脑后，休息也没了规律，原本一日三餐都变成了一日两餐，妈妈数落我，我就跟我妈怒目相对，声音也很大，说了很多很难听的话，日子在浑浑噩噩中度过，我变得麻木不仁。

疫情结束，开学后的一周考试，数学、英语满分 150 分的卷子，我都只考到了 70 多分，我才意识到自己跟同学的差距是因为我的贪玩而被拉开的。还好，后来我遇到了扶鹰，听了学霸课程。我终于想通了，我要好好学习，不能再这么玩下去了。我决定放弃手机，放弃游戏，用原本打游戏的时间去学习。可是，该怎么放弃手机游戏呢？我想了一个非常好的办法，要求爸妈将我的手机换成那种只能接打电话、发短信的非智能手机，这样我就没办法打游戏了。

我开始努力学习，这期间的考试都不是特别理想，我妈也帮我去复习，慢慢地经过一个学期的努力，成绩有所提升，但还远远不够。话说一失足成千古恨，荒废的学业和时间怎么都补不回来。我也很着急，但着急也没用，只能积极地想办法改善。

从扶鹰学到的理念，让我变得善于利用课间时间做作业，不懂就去问成绩好的同学，得到同学的帮助后，会找类似题型再做一遍，验证自己对这种题型是否掌握。慢慢的，错题越来越少了，成绩也提升了。

在上次月考中，我的英语考了135分，比以前增加了10多分，数学和其他科目成绩提升的幅度虽然没有那么大，但也有不同程度提升，相信我一定能坚持到最后。离中考不到一个月，我会为自己心中的目标奋斗，拼搏每一天。

如果没有学习目标，浩浩不会主动寻求各种办法来提高自己的学习成绩；如果没有参加扶鹰课程，浩浩也可能会永远不知道这个世界还有艾宾浩斯记忆曲线这种有用的东西存在；如果不是把目标分解，给自己设置一个个学习的路标，选择最适合自己的学习路径，浩浩也不可能在学习上得到事半功倍的效果。

所以，不管你现在的人生状况如何，在实现目标之前，有些准备工作一定要做得充分一些。做好这些事情，会让你的学习变得更加顺利，更加高效。

一、选择合理的路径

要攀登一座山，有两条路可以走：一条是平坦的路，非常好走；另一条是崎岖的路，不容易走。不管从哪条路登山，我们都可以登上山顶。现在的问题是，平坦的路，崎岖的路，你只能选择其中一条登上去。

比如，我们通过别人的介绍知道，那条平坦的路较为好走，而且路线还短很多，自己身体状况不是特别好，于是走平坦的路是最好的选择。如果我今天登山的目的是来锻炼身体的，而且身体状况非常好，我知道崎岖的路比较难走，适合我加强锻炼的需要，那么就可以选择崎岖的路。这就是选择路径，因为你自己的状态不一样，所做的选择也是不一样的。

学习中，有一部分知识是需要记忆的，而需要记忆的这部分知识，常常让同学很头疼。该怎么办呢？浩浩选择的路径是，利用艾宾浩斯记忆曲线进行学习。这是一个很好的学习路径，因为它非常科学，利用了人脑记忆信息的规律，让我们少走很多弯路，以最少的时间和精力取得最大的收获。

二、设置好的路标

我经常看到，很多孩子目标制订得很好，条理也非常清楚，却很难坚持执行下去，而且很多时候太容易刚刚开始就放弃了。这究竟是为什么呢？

我想，这不是因为实现目标的难度大，而是他们觉得目标离自己太远，看不到尽头。因为人们对自己追求的东西，都有种很急切的期望，如果目标太远，比如我们制订一个50年人生规划，很容易让我们产生焦虑感。所以，在实现目标这条道路上，很重要的一步是，我们需要设置好的路标。就像在一段很长的路途中，如果没有路标指示方向，人就会迷路。也许你觉得在路上走，可能还好，但是如果在沙漠中呢？在沙漠中，如果没有任何标记，你一定会迷失方向。而如果你迷路了，那么你设计再好的目标，都很难到达。

为了解决在沙漠中走路的难题，法国人常常用许多黑色汽油桶来做标记。他们在沙漠中，每隔5公里放一个汽油桶，来引导人们寻找方向。因为5公里正好是人们能看到的最远距离。借助这些汽油桶，人们无论在哪里，总能看见两个汽油桶，一个是自己刚刚经过的，另外一个是5公里以外的那个。人们所要做的，就是朝着下一个汽油桶不断前进。这样，他们就怎么也不会迷路了。

法国人走出沙漠的方式，提示我们实现目标时，应该设置路标。我们经常说高考像是一场马拉松比赛，比的是耐力和决心。但马拉松比赛怎么跑？你可能不太了解。曾经有一位马拉松世界冠军山田本一，说过自己的取胜方法。他说在每次马拉松比赛之前，都会乘车把路线沿途的重要参照物观察一遍。比如他会把沿途的某些大树、房子、银行之类特别的地方画在地图上，然后把这些事物当作一个个路标。在比赛的时候，他便会全力以赴地奔向第一个标志物，然后接着是第二个、第三个，最后跑到马拉松比赛的终点，赢得比赛。反之，如果他眼前只有终点这一个目标，一口气跑下去，看起来将非常让人担心，自己很有可能会被那 40 多公里的路程所吓倒。

以上案例告诉我们，在很多时候，实现目标与其说是靠能力取胜，倒不如说是靠智慧取胜。这种设置路标的方法靠的就是智慧。在学习中，该如何给自己设置路标呢？其实这有很多种维度和方法的，当然，并不是说哪一种好或者哪一种坏，只是说哪一个更适合你自己。

比如，你可以把你学习中的试题类型做一个分类，然后分析一下你擅长什么类型的题目、不擅长什么类型的题目，接着给自己分配学习时间。用多一点的时间弥补弱项，但是一定要保持强项。而路标呢？路标就是你做这类试题所得的平均分数。当你做了这样一个微观分析之后，你就对你的学习成绩有了比较全面和具体的把握。你就不会再惧怕考试，因为你的方法足以应对考试。

浩浩用艾宾浩斯记忆曲线，让自己清晰地看到自己学习上的一个个路标，帮助自己实现成绩的提升。这种通过知识的不断积累，来达到学习成绩提高的方法，非常高效。我们也因此看到了路标的巨大威力。

三、扫除各种拦路虎

有个孩子为了戒除手机游戏瘾，把自己的手机丢进江水之中，这种做法多么坚决！虽然我不建议每个人都这么做，但是这说明手机游戏对于孩子的学习成长进步，是一个巨大的障碍，甚至可能产生"致命"的伤害。对很多孩子来说，手机游戏是第一大杀手，消磨了我们学习的愿望，也伤害了我们的身体健康。

有很多孩子，本来目标制订得非常好，可是到了第二天就完全没有坚持下去的心情了，被游戏打回了原形，继续玩手机，继续放纵自己，这非常可惜。这个时候，浩浩选择了把自己的手机换成非智能的手机，让自己远离手机游戏，这也是非常有效的办法，如果你实在不好远离手机，不妨也试一试吧。

手机游戏等娱乐平台、各种充满诱惑的美食、人的懒惰的本性、贪睡的欲念、不爱动脑子想办法的习惯、受到打击后的沮丧心理等等，哪一个拦路虎都不简单。可不要小瞧它们，个个"致命"。手机游戏几乎是一沾就上瘾，一碰就丢不掉，大把的时间被浪费掉了。有些爱吃美食的同学，不吃零食就什么都不想干，一见美食就走不动路，吃多了自己就变成了胖子。各种网上娱乐平台中，那些让人看起来欲罢不能的视频，也都在悄悄地摧毁你的防线，让你沦陷，成为娱乐公司的赚钱工具。这些拦路虎，很常见，又是很凶猛，破坏能力超级强大。

面对诱惑，如果我们能冷静下来，想一想自己的美好梦想，就会明白还是应该想办法扫除这些拦路虎。我们可以通过转移注意力、全神贯注地向目标冲刺、断绝诱惑源头等手段清理它们。当然，这里也有很多巧妙的办法，同学们在我们的线上和线下的课程里都可以学习到。我在后面的章节中会专门讲解。

只要我们走在行动的路上，就不会离目标和梦想太遥远。我们都是有梦想的孩子，并且愿意为了梦想，放弃很多没有意义的消耗（手机游戏、垃圾食品、娱乐视频），我们因此会比昨天的自己更有收获。

在行动中，还要学会根据实际情况，调整自己的路线和目标。比如登山的过程中，我们发现东边那条平坦的路被堵住了，怎么办呢？总不能还往上撞

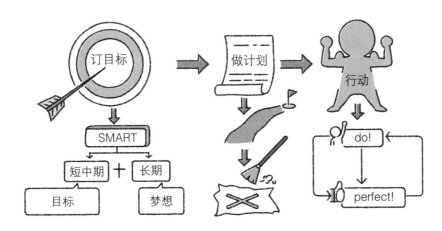

实现目标三部曲

吧。所以，要根据实际情况，分析一下有没有更好的路线可以调整。这样我们才能走得更快、更好。

不过，一定要记得行动，因为没有行动，一切都是零。

我的梦想板和学习规划表

一、制订长期、中期和短期目标

（1）长期目标	我的人生梦想是 ＿＿＿＿＿＿
（2）中期目标	我的目标大学是 ＿＿＿＿＿＿
（3）短期目标	进目标大学需要进年级 ＿＿＿＿ 名

二、做计划：选择路径　设置路标　清除障碍

1.选择路径： 国内路线还是国际路线，怎么走？

2.设置路标： 现在我每科的成绩和目标：

语文		我的目标		数学		我的目标	
英语		我的目标		物理		我的目标	
化学		我的目标		生物		我的目标	
历史		我的目标		政治		我的目标	
地理		我的目标		其他			

为了实现目标，我将怎么做，比如在语文上我打算如何做？在数学上、英语上或者其他科目上，我打算如何做？

我的梦想板和学习规划表
3.清除障碍： 为了实现目标我将放弃哪些原来不好的习惯和做法？比如想睡觉、想偷懒、想吃垃圾食品、想玩游戏、想玩手机……的时候，怎么办？
三、行动起来
鼓励自己的话：
或者其他鼓励自己的方式：

2

轻松快乐做学霸

■ 中国古代教育家孔子说："学而时习之，不亦说乎。"这句话说出了学习的最佳境界：快乐。在生活中，很多孩子认为学习很痛苦。但是，如果现在的你，可以像孔子一样，从学习知识和复习知识中获得快乐，该是一件多么幸运的事情！

在学习这件事上，从来都是几家欢喜几家愁。我常常见到，有的孩子在学习上花费了太多的时间，成绩却一直无法提高，非常无奈。但是，还有一类孩子，好像天生就适合学习，即便不怎么用功读书，也能考得非常好，学得也不累，非常令人羡慕。

我们有没有问过自己，为什么会有如此差异呢？下了苦功，却收不到好的结果，这好像没道理的事情，却常常发生。

第一节　做学习的主人

从小到大，我们都被老师、家长，甚至是邻居催着学习。一个"催"字道尽了我们的学习历史，也让我们看到了问题的根本所在。

我就见过这样的家长，只要一看到邻居家的孩子学习，就一定要唠叨自己家的孩子，逼着自己家的孩子学习。作为主体的我们，在学习上，似乎不催，就不会学习，也不愿意学习。有时，我们会被催得非常疲惫，当不想学习的时候，便会听到父母说："你不学习将来能干什么？"又或者是"你学习是为我学的吗？"等等诸如此类的话。

这时，我们很容易在心理上对学习产生厌烦情绪。于是，我们会发出这样的感慨：我太难了，学习太苦了，究竟为什么要学习，学习有什么用，我可以不学习吗？

这是很多孩子的亲身体验，尤其是被逼着学习的时候，逆反心理更是非常严重。我在线下课程中，时常听到孩子们对学习的这种感受。因为学习不好受到了打击，从而导致心理沮丧的孩子不在少数。面对这样的问题，首先思考做什么事情你会觉得苦？如果你喜欢踢足球，你会觉得苦吗？当你在游乐场玩了一天，筋疲力尽时，你会觉得苦吗？一定不会的，因为这是你的爱好，你在玩的时候，根本体会不到辛苦的感觉，反而是玩了还想玩。但学习为什么让我们感觉到苦呢？

通过这个对比我们可以明白，苦不苦其实是一种个人的感觉，是个人的情感体验，这种情感体验随个体不同而不同，随环境的不同而不同，它不是一成不变的。比如，有人请你和和尚一起吃饭，端出来全是素菜，和尚开心得不得了，你一定不太满意。为什么面对同样的事情，两个人反应不一样？因为两个人的心态不一样。

一、学习的主人与学习的仆人

我每年都会接触大量的孩子，通过和他们的交谈以及我们研究团队的持续观察，我发现：学习成绩差的孩子，要比学习成绩好的孩子辛苦10倍以上。你一定很好奇，为什么付出了那么多的努力，却反而不如别人轻松地学习更有成果呢？

在学习上，很多孩子早已经养成了被催的习惯，习惯了不催不学习。这种习惯的养成与父母有很大的关系。父母总是觉得孩子不催不行，认为孩子根本没有自主学习的意识，通过"催"这种方式，可以让孩子多学一点，多学一点是一点。但是，这并不能从根本上解决学习问题！

而且，父母的催，还会给孩子造成一种很不好的心理印象：反正有父母催着呢！学习这个事儿，我不用太操心！

这就好像给了孩子一根拐棍，让他们在学习上，变得非常被动，非常依赖这根拐棍，非常有"安全感"，而缺乏危机意识。被动其实是一种非常懒惰的心理，因为它只需要消耗较少的心理能量，是我们的舒适区。很多孩子之所以不愿意主动学习，就是因为不想走出舒适区。所以，父母的催反而助长了孩子的被动心理。被动心理不利于未来取得事业上的成功，因为它不能调动人的潜能，会让人变得缺乏激情和动力。

｜ 真后悔做了那么多年学习的仆人 ｜

我是一名来自江西的小男孩，叫乐乐，以前是个很调皮的学生。在家里有爷爷、奶奶的呵护，爸妈总是不好管我，我便养成了很多的坏毛病，不仅学习不好，而且性格特别倔强，总之就是没有什么优点。

爸妈为我操碎了心。之前，爸妈给我报过补习班，但是基本没有什么作用，最多也就管用一阵子。他们也给我请过家庭教师，但是由于我太调皮，最后家庭教师都不敢带我学习了。我就是这种很悲催的样子，爸妈也没有了办法，甚至曾经一度想让我去参军来锻炼我的意志力。

我过去真的是一个问题少年。在我身上，几乎看不到优秀的品质，我还沉迷于游戏，甚至有一段时间逃课到网吧去打游戏，真是不可救药。就在大家实在没有任何办法之际，妈妈偶然从一个朋友那里接触到了扶鹰的学霸课程，她先是自己去听了好久的课。然后，抱着试试看的心态，给我报了一个班。

刚开始，我非常抗拒，首先是觉得之前那么多的办法对我来说，都没有效果，这一次也不相信会有什么作用。而且，最重要的事情是，参加这样的活动也不自在，我甚至都能想象到未来会发生什么，老师如何如何地对我进行说教。于是，我非常不想去参加课程。

但是，我还是拗不过妈妈，就是在她的坚持之下，我带着无奈的心情去参加了一期 520 学霸课程。说句实在话，老师讲的很多内容，我都没怎么听进去。但是，他举的几个例子却让我印象深刻，尤其是那个关于猎狗和兔子的故事。

他说，一个猎人打伤了一只兔子，便让自己的猎狗去追兔子，但是猎狗一顿痛追却并没有把兔子捉到，反把自己累得够呛。然后，猎狗跟主人说，自己已经尽力而为了，不知道为啥兔子受了伤，还跑那么快。实际上，猎狗不明白的是，对兔子来说，这是一场全力以赴的求生游戏，因为在这场追逐中，兔子"被追到，就没命了"。从那一刻起，我似乎明白了一些道理，原来很多时候我们学不好，不是因为我们笨、别人聪明，而是因为别人在全力以赴地拼命学习，而我们却只是尽力而为罢了，有时候甚至压根没有去学习。这可是两种完全不同的心态啊！一个把自己当作主人对待，一个只是把自己当作仆人而已。

还有一个例子是，你现在衣食无忧，却不好好学习本领，当有一天你的家庭遭遇什么之后，那你该如何立足呢，你该拿什么吃饭呢？这个事情也让我十分震撼。是啊！我能有今天的衣食无忧的生活，完全是爸妈凭本领挣来的，假如有一天爸妈不能提供这一切，我该何去何从啊！这让我陷入了沉思。

参加完那次课程之后，我对自己的要求变得严格起来。因为我知道自己绝对不是一个很笨的人。我之前之所以学不好，完全是因为自己不能以主人的心态来学习。从这个角度出发考虑问题，让我变得豁然开朗，也让我对未来充满了期待，因为我知道自己不是不能学好的，而是没有下功夫而已。

我按照王金海老师讲的 520 学习法，以主人的心态对待自己的学习。果然，在初三上学期，我的学习成绩有了质的提升，从最初的班级倒数第一名第二名很烂的成绩，一下子进步到了班级前 15 名。这是多么大的进步啊，真是不可思议，就像是一场梦一样。对于以前在做梦的时候都担心考试的我来说，是一个巨大的放松。其实，学习本来并不难，只是之前的那么多年，我完全没有主动学习的意识，对学习不上心。这样想来，真是可惜，真后悔做了那么多年学习的仆人。

我以后会更加努力，争取中考的时候，能够考个好一点的普通高中，然后通过自己的努力，考取名牌大学。听了王金海老师的课程，我懂得了很多道理，比如王金海老师说，面对未来，说不可能是没有意义的。是啊！事实不就是这样的吗？对于未来，有一万种可能，关键是你现在在做什么样的事情，你在做之前就说不可能，只能说明你自己有问题。

以前，乐乐是个典型的学习的"仆人"。学习的"仆人"有什么特点呢？最重要的一个特点是，他没有像兔子那种"被追到，就没命了"的紧迫感和对自我比较清晰的认知。因为他不知道为什么要学习，学习好了有什么用处。这时候，他还会有一种错觉，以为是为老师和父母而学，学习不是自己的事情。

所以，我们应该明白这个简单的道理：学习是自己的任务，因为通过学习获得的本领，不会长在别人身上，只会为自己服务，将来我们因为自己的本领过上很好的生活的时候，会更加理解这一点。老师和父母出于很高的觉悟和责任感，才努力地管我们，帮助我们，初衷是为我们好，却被我们误解。

如果学习心态没有摆正，当我们学习成绩变差时，父母会以"主人"的身份责问我们，作为学习的"仆人"，我们的反馈是情绪沮丧。在沮丧情绪的影响下，我们会对自己产生怀疑，对学习失去信心，便更加学不好，由此就形成一个学习上的恶性循环。相信很多同学对这个恶性循环深有感触，尽管你可能不太理解为什么会演变成这种局面。

在这个恶性循环中，我们就成了学习的"仆人"，在学习上总是处于被动

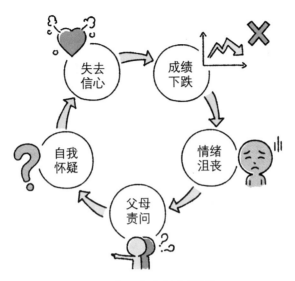

如果学习心态没有摆正

的状态，偶尔的努力学习也都是想满足别人的要求，而不是自己内心真实的声音。被动学习心态的潜台词是，追不到猎物，也只是"遗憾"而已，并没有什么了不得；学习只是件小事而已，没什么了不起的。你也就意识不到，"被追到，就没命了"，是一种多么令人恐怖的心情！

但如果我们能够打破这一循环，变被动为主动，用"兔子"的状态去面对学习，我们会收获不一样的循环。当我们成绩逐渐变好的时候，就会获得一定的成就感与满足感，为我们带来自信，我们也将更加积极、主动，感受到学习带来的更多快乐。

二、你是学习的主人，还是仆人

我相信，猎狗和兔子的例子一定是让你震撼的。健硕的猎狗，为什么追不上受伤的兔子，道理很明显，并非兔子多么强大，多么善于奔跑，而是猎狗自己没有拼尽全力。在这场竞赛中，一个拼命地跑，被追到就没命了；一个追追而已，追不上也没什么，结果可想而知。

那么，你平时对学习感觉如何呢？是感觉学习像对待美食一样，每次都吃得津津有味，还是味同嚼蜡，苦涩、无趣呢？可以肯定，那种平时被老师催促，被家长逼迫，甚至被别人家的孩子刺激着学习的状态，既是你曾经身处其中的，又是你十分不愿意的。

如果你想进一步知道自己对学习的感受，了解学习在自己心中占据着什么位置，不妨做一个小测试，看看你究竟是学习的主人，还是学习的仆人？这样，会对自己的学习状况有个清晰的了解。

学习行为	表 现 结 果	有/无
被动	需要老师家长的催促才能学习	
胆怯	不愿意触碰难题，遇到困难就选择跳过	
懒惰	不想练习与回顾知识，只是上课听听	
对抗	一旦受到情绪上的影响或阻碍，就会产生自暴自弃的想法	
怀疑	考不好就容易自我怀疑，觉得自己不适合学习	

在上述表格中，如果你大多数行为都有，那么你就是学习的"仆人"，相信你目前的学习状况，也一定不太理想。如果你几乎没有，那么恭喜你，在学习这条路上，你已经领先了大多数人，成了一名学习上的"主人"。也许，你就是班上那些学生的小楷模，父母口中的"别人家的孩子"。

当我们成为学习的仆人时，我们就对学习没有什么责任感，也缺乏热情，似乎不是你自己在学习，而是你在帮别人学习，学习的目标是令别人满意，而不是使你自己能力增强。最突出的表现是被动，别人管你，你就学一些；别人不管你，你就不学；别人管得好，你就学得好一点；别人管不好，你就学不好了。

这时，学习的常态是催、骗和抱怨。父母和老师催着你，你才学习。而且即便是催你，你也非常不积极，学得很痛苦，学得很吃力。父母和老师想着办法骗着你学，你才学习。而且你还要为学习获得一些"报偿"，比如学习之后要看电视，等等。父母和老师责备你的时候，你就抱怨，即便去学习，也学得非常压抑，学习效果很差。就这样，在你们家，尤其是在每天放学之后，家里的整个学习场景就是鸡飞狗跳，搞不好还会狂风暴雨。

无论如何，我们都不能继续做学习的仆人。或许转变一个念头，我们就成了学习的主人，我们的人生从此就绽放异彩。

三、我们如何成为学习的主人

一列火车，如果它的发动机不启动，它就不会运行，几乎没有人可以把它推动，因为它实在太重了。火车之所以能够在轨道上运行，与它的动力系统密不可分。火车能跑，是因为车头上的发动机有强大动力。

但是，高铁为什么比普通火车开得快呢？这是因为在高铁的动力系统中，每节车厢都有自己的发动机，而普通火车全靠车头发动机的带动。所以，人们说："火车跑得快，全靠车头带。"在动力系统上，高铁明显比普通火车更强大。火箭又比高铁快很多，其原因在于，火箭有着更为强大的动力系统。

我们的人生正像一列前行的车，如果想要在自己的轨道上运行得更快、更好，需要强大的动力系统，究竟你是普通火车、高铁，还是火箭，取决于每个人自己的内在动力。

（一）找到自己的梦想和目标

很多孩子不好好学习，是因为既没有梦想，也没有目标。正因为没有梦想，没有目标，游戏便成了自己找到存在感的好帮手。在游戏中，孩子仿佛活得很"真实"，果真如此吗？一曰否，二曰可惜。

三年前，有一个学校校长找到我说："班里有个孩子，因为爸爸不让他打游戏，便发生了矛盾和争执，以至于打架被送到派出所去了。"他不知该怎么帮助这个孩子，于是到我这里请求帮助。

我当时想："这么糟糕的亲子关系，问题已经非常严重了。"

我让这个校长把爸爸和孩子带到办公室，对他们进行疏导。据我了解，这个孩子还处于初二阶段，在学校的成绩属于中等偏下，典型的没有开启人生动力的状态。

孩子坐在我对面，我试探地问他："你的人生还有什么理想和追求吗？"他就跟我讲起了他的梦想，说他要到国外留学，将来要创办一个属于自己的企业。我听了之后大为感动，试图帮助他找到他的人生动力。

我介绍他去了国际学校，见到了国际学校的招生办主任，让他了解如何出国留学、如何成为优秀企业家。当他看到前方的道路，他的激情重新燃起，对未来也充满了期待，仅仅用了初三一年的时间，便以优异的成绩考入上海光华浦东国际高中。

后来，高中三年，他又通过自己坚持不懈的努力，收到了美国密歇根大学的录取通知书。

我们可以想象，如果没有外力的介入，这个初二的孩子可能仍然处在跟父亲和家庭的矛盾之中。按照当时的发展态势，这个孩子可能因此而辍学，到社会上鬼混，甚至打架斗殴而进入监狱的可能性都非常大，最后稀里糊涂地以这样悲惨的方式度过了自己最美好的年华，留下了太多充满悲伤的故事！

后来，这个孩子考上了国际高中，也考上了名校，成了对社会有用的人才。他的家庭也因此得到了拯救，父母的晚年也会过得非常安心。他最终不仅没有拖累这个家庭，还成了父母和孩子眼中的榜样，真正走向了人生巅峰。两条道路，天壤之别。一念之差，两极世界。可见，找到人生梦想和目标，绝对不是一句空话，在生活中有十足的分量，它能成为你人生的分水岭。

这几年，有无数的孩子开始走进我们的课程之中，在这里与昨日的自己告别。他们因为接受我们的教育理念，而向那个曾经或者叛逆，或者沉迷游戏，或者学习差，或者无所事事的自己告别，成为一个有追求、有行动的好少年。我们由衷地为他们感到欣喜。

他们到来后，我们都要跟他们讲梦想的重要性，跟他们说如何设计属于自己的目标，怎么通过自己的努力来一步步实现目标。我们也因此拯救了无数误入歧途的孩子、散漫迷茫的孩子，帮助他们实现人生的理想。看着这些孩子的改变，我们觉得自己所从事的事业是平凡而伟大的。

（二）寻找刺激点，找到学习动力

学习是一个漫长的过程，如果没有持续的动力，让自己保持一种学习热情是困难的。那么，学习的动力从何而来？

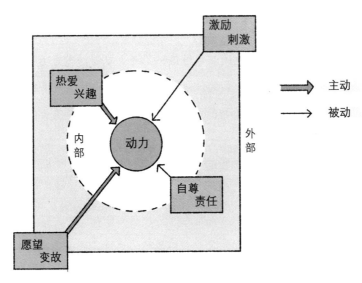

学习动力从何而来

1. 热爱和兴趣

人们常说，兴趣是最好的老师。热爱，则会让我们全身心地投入。

如果你喜欢一件事，恐怕有再多的困难，你都会克服它们，去做好这件事情。社会上有些喜欢赶潮流的年轻人，总是想尽一切办法追赶时髦的东西，比如有的孩子给自己全身文身，也不怕痛。如果把那股劲用在学习上，肯定都是学习中的王者。可惜的是，有些孩子把劲用错了地方，花费了太多的时间和精力，却没有收获。因为很多兴趣，只能让自己一时高兴，却无法让自己有更为持久的进步。

如果学习刚好就是你的兴趣，那你就太幸福了，你也一定会全身心地投入学习。面对作业，你会觉得像玩耍那样有趣，写完作业之后会很有成就感；面对考试，你会觉得这个挑战很刺激，每次都很有收获。我们知道，有很多的高考状元，其实并不是多么聪明，并不是说有多少学习的天赋，而是在浓厚学习兴趣驱动下，刻苦学习而已。

| 热爱是最好的老师 |

爱因斯坦4岁的时候，他的叔叔给他买了一个罗盘，作为生日礼物。爱因斯坦一看，非常好玩，拿到自己的房间里一直思考，为什么罗盘针指着南北不转。他思考了多长时间呢？半个多小时，这个注意时间是非常长的，说明他的内在兴趣非常强。

我小侄子正好也是4岁的时候，我拿了一个罗盘给他，说："给你一个好玩的东西。"他说："哎呀，好好玩啊！"过了一会儿就扔掉了。人的内在兴趣不一样，学习的动力也不一样。这也是物理天才和普通人的区别。

所以，爱因斯坦说："我认为对于一切情况，热爱是最好的老师。"

那么，如何培养自己的学习兴趣呢？你可以找一个自己喜欢做的事情来做比较分析。比如，你喜欢打篮球。那你就问自己为什么对篮球那么感兴趣。然后，将打篮球迷人的地方都写出来，并且对照着学习，将这些迷人的地方改换在学习上，让你的学习像打篮球一样迷人，让自己对学习充满兴趣。

相信如果这样的话，你一定会有所启发。

2. 自尊

人在吃饱、喝足之后，还有另外一些更高层次的需要，比如荣誉感、被人肯定和自尊等，这都是非常重要的人生动力，能够激励着人们不断向前。在学习这件事情上，自尊往往起着巨大的作用。

| 我为何能考进浙江大学？ |

我在刚开始读书的时候，成绩很差。

记得初一的时候，成绩糟糕至极，总分120分的英语试卷，我只能考14分，数学也是经常不及格。你可能会好奇，是什么让一个成绩很差的孩子，最后过关斩将，考进浙江大学的。

其实，这是因为有一件事，深深地刺激了我。

当时，我家里条件比较差，我大伯、大妈住在乡镇，家里经济条件较好。他们对我们家很是看不起，尤其把矛头指向我，跟我妈说："你看你们家儿子读书，就没有我们家儿子厉害，你看我们家儿子现在多好。"

这句话使我妈妈感受到了巨大耻辱。有一天晚上，她流着泪跟我们讲了这么多年整个家庭的经历，我跟我姐姐听了之后，内心产生了强烈的震撼。

当时，我就跟我妈讲："老妈，这口气我们要给你争回来！"

那一瞬间，我的内心激起了强大的责任感和使命感，我想我一定要让我妈妈骄傲一把。而那种被歧视的画面，到今天为止都深深地印在我的脑海中。

奔着给妈妈争气、赢得自尊的念头，凭着一股学习上的狠劲，我经过坚持不懈的努力，考进了浙江大学这所中国著名学府。

人生肯定不是一帆风顺的，在学习和生活中遇到挫折和不顺，都是常有之事。如果你生活中的挫折和不顺，都能转化为人生不断向前的动力，那么这些挫折和不顺都将变得非常有价值。所以，遇到困难并不都是坏事。

如果你此刻学习成绩不佳，也许正在遭遇别人的轻视和责备，但是这些都没有关系，它们只是你成长过程中的一个片段，你还有很长的路要走。如果你能将此刻不好的成绩，化作人生向前的动力，拼尽全力地学习，那么相信你在不久的将来，一定可以迎来柳暗花明的时刻。

3. 外部的刺激

我们遇到许多这样的例子，有些同学因为非常喜欢语文老师，他的语文学习成绩就会比其他的学科成绩更好。这似乎没有什么道理可言，但却常常如此，为什么会这样呢？

我想，这里面有一个很重要的原因，那就是他喜欢的这个老师，表现着能够吸引他注意的魅力。或者是这个老师说过的话，总能对他起到激励作用；或者是这个老师对事情的理解，刚好跟他的想法比较契合。总之，老师的某些特质，刚好对他的学习起到了积极的影响作用。

| 你的命运谁来负责 |

在扶鹰课程之外，我喜欢和同学们交流学习和生活问题。跟他们聊各种话题，这样我能获得一手的教育资料，真实地感受孩子们的内心世界，并且对症下药，帮助他们解决实际问题。我一直觉得这样做非常有趣、非常有价值。

我许多次听到孩子们这样说，那些学习好的同学跟老师的关系总是很近，但是感觉自己就是做不到，也许自己真的非常不善于跟老师处好关系。每次孩子说到这里，我都有太多的感想，要说给你们听。

孩子们，你们可知道，你的老师可是你人生成长路上最好的助手啊！如果你跟老师关系很好，你知道你会少走多少弯路吗？一般来说，只要你想处理好跟老师之间的关系，他们都会很乐意接受你的，毕竟对他们来说，帮助未成年的你们是他们的乐趣和职责。因此，如果你和你的老师关系不好，请仔细审查你自己的问题，然后再思考其他的原因。

而且，如果你跟老师的关系都处不好，那么你以后怎么处理好更复杂的社会关系呢？面对这种情况，我总是会耐心地开导这些同学，帮助他们重新获得老师的关注，在学习成绩上取得更好的结果。

他们会跟我说，你看班级里那些学习成绩最好的同学，在老师面前总是有说有笑，还非常能得到老师的信任，老师也乐意把重要的任务分配给他们。不知道，老师私下里是不是给他们"开了小灶"？对于这一点，我也是有很多话要说的。

要说老师给同学"开小灶"，也许这种情况是存在的，但是，大多数情况下，老师对他们的影响，并不是给他们"开小灶"，而是体现在"刺激"他们向上的意识上。毕竟，老师哪有那么多的时间和精力给这些孩子"开小灶"啊！不过，如果你跟老师关系非常好，老师在无形之中会影响你对学习的态度，会在无意中传达一些关于学习的信息，带给你信心和力量。这一点，可比任何"小灶"强一百倍呀。

我们的命运，说到底，不是老师负责，也不是家长负责的。最终，能够负责我们命运的，是我们自己。如果我们主动跟老师沟通交流，主动接受老师的刺激和影响，那么就会获得更多的学习力量和信心，并进一步直接真实地影响到你的学习成绩，让你变得更优秀。可惜的是，很多孩子不明白这些道理，总是以为自己能力很强，或者不敢跟老师走得很近，或者不跟着老师的思路来，自己琢磨，花费了太多的时间，却收获很少，得不偿失。

此刻，请回忆一下，在你的生活中有没有人经常刺激到你。如果有，请回想一下那些刺激你不断向上的瞬间，并且找到让你一想起就热血沸腾的事情，把它记下来，让它成为你在学习上永远的刺激点。

很多人问我："王老师，为什么你对那么多孩子都充满信心？"我总是自信地回答："因为我自己的人生经验告诉我，孩子们拥有无限的可能，只是还处于未找到目标或者是人生动力未被激发的状态。而他们一旦被激发，或者找到自己的人生目标，那么他们就像一列高速行驶的动车，可以走得非常远。因此，只要孩子们得到正确的引导，一定可以走向成人成才之路。"

4. 美好的愿望

在古代，社会不像现在这样发达，人们在职业上也没有太多的选择，对很多人来说，要么种地，要么读书做官，要么去经商。当时，生意人社会地位低下，而且需要本钱，大多数人没钱，也没有经商的能力，就不愿意去经商。

于是，大多数人的命运，逃不过种地或者读书做官。但是，种地人基本是终生贫穷，人们不太情愿去种地。最后，读书成了人们改变命运的最有效的途径。所以，古人为了通过读书改变自己的命运，就有了"头悬梁，锥刺股"这些超级励志的故事。

现在，虽然社会变得越来越富裕了，但是贫穷的家庭依然存在，需要改变命运的人依然很多。还有很多人，仍然需要通过读书改变命运。

| 我找到了改变命运的起点 |

我叫小陈，目前就读于中南财经政法大学，并成立了自己的公司，带领着100多人的创业团队。

现在的我，每一天都过得充实而有意义，美好的人生事业画卷正在缓缓展开。但是回想3年前的我，却过着截然不同的生活。

上中学时，我曾带着学校100多人打群架，我就是学校的"黑社会老大"，觉得自己特别酷。每天带着底下的弟兄们逃学、去网吧、溜冰……就是不学习，觉得学习是世界上最没用的事情。

校长几次找到我妈妈，劝我退学，我妈妈每次都低声下气地求校长再给我一次机会，可当时的我根本不领情，退学就退学，正好我不想读了。

一次偶然的机会，我妈妈得知王金海老师要在我们当地开一天的课程，抱着试试看的心态，妈妈就拉着我一起去听课。上半场，我的内心是抵触的，心想：看你能讲出什么来。可是听着听着，我就觉得好像有什么在触动我的内心，我不由自主地从最后一排走到第一排，王金海老师的话让我醍醐灌顶、如梦初醒。

讲座结束后，当天晚上我跪在妈妈面前，求她再给我一次机会，我保证从今天开始好好学习。接下来的每一天，我都拼命地学，整个高二、高三两年寒暑假我都没有回家，就在学校宿舍疯狂学习。我也不要我的面子了，求着老师给我补课。

回想那段时光，真的很艰难，但是很庆幸在我觉醒的时候我还年轻。

在当时，小陈妈妈遭遇了生意失败，家境困难。他自己也亲身体验了妈妈的工作，甚至曾经去工地搬过砖。中间遭受的身体上的痛苦是一方面，但更激发他决心努力学习的动力，来自他在这个过程中遭受的心灵上的挫败。

学习的动力是多方面的，有时候甚至一个并不伟大的动机，也能改变人的一生。就拿我来说吧，当时因为母亲受了亲戚的气，想给母亲争口气，赢回面子，下决心花更多的时间和精力去学习，才开始享受到学习带来的莫大快乐，并且持续学习，直到被保送攻读浙江大学的博士研究生。正是这样的转变，为学习赢得了转机，也为我现在的事业打下了坚实基础。不管你现在处境如何，都应该心怀美好的愿景，并找到自己的人生动力，你可以尝试把它写下来，让它成为你一生积极向上的力量。这样，你在面对困难的时候，这股力量永不衰竭，催你奋进。

（三）做好打持久战的准备

如果你参观过溶洞，你一定会知道，那十几米高的钟乳石，仅仅是一滴滴水经过长年累月的冲积沉淀形成的，而这个长年累月，可能是几万年，甚至是十几万年。对比一下，我们学习的那十几年岁月，你一定会感叹，即便学习很痛苦，跟几万年相比，简直微不足道！

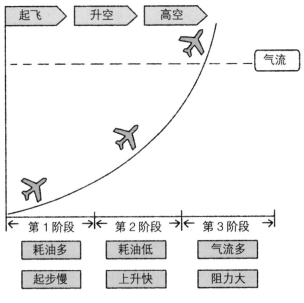

飞机式曲线体验

当一个人有了学习动力，也不一定立刻就会有进步，就像飞机起飞后，从离开地面到空中的那一段是最艰难、最辛苦，也是最耗油的时段。反倒是飞机飞到了空中，就会越来越轻松，而且处于低油耗的状态。但即使飞机飞到空中，也不可能一帆风顺，还会遇到气流的阻力，偶尔处于颠簸状态。所以，对飞行员来说，整个飞行过程都是需要十分谨慎的。

读书如同飞机飞行。刚开始起步时，想努力往上走，非常艰难。但当你的成绩开始慢慢上升的时候，则会有所变化，偶尔也会遇到坎坷和挫折，看似时起时落，但是总体来说，整个进步的曲线图是一直处于上升的状态。

| 再好的学习方法，也需要坚持下去 |

我是一名初二的学生，明年就要中考了，这是个非常紧张的学习阶段。

小学的时候，我对未来十分憧憬和向往。我也有过很多梦想，比如当企业家，当幽默的会教书的数学老师……我十分自信，因为我的成绩在当时是名列前茅的，我也凭借着自己的努力考上了市区最好的私立中学里的重点班。重点班里高手如云，每一个人都是层层筛选出来的人才，我顿时压力倍增。但是，我并不害怕，因为我觉得我的成绩还是不错的，但通过一次次考试，我突然发现，原来我的成绩在班级里面只能算是在中等这个档次。

因为心态不稳，我的成绩时好时坏，可庆幸的是，还没有考到班级倒数第一名。随之而来的是疫情，然后我们上网课，由于我自律不足、习惯不好，在上网课的时候并没有认真听讲。再回到学校，我的成绩一落千丈，终于变成了倒数的那几位。那一刻，我十分自卑、十分焦急，却没有找人倾诉，因为这太假了，祸本来就是自己惹出来的，干吗要跟别人讲呢？我决定拼一把！

我们是住宿学校，从回学校开始，我每天请假回家听网课——重新听讲、重新看老师上课、重新记笔记……我以为这样会很有用，但是呢，在最后的区统考中我只进步了两名。所有人都觉得这两名微不足道，但那一刻我却很开心。因为自从上网课以来，我的成绩是如此差，我觉得自己没有了价值，再也没有可以进步的动力。但是，进步这两名让我看见了，努力和坚持一定会有收获的。

随后我升入了八年级，我们换了一个新班主任，但是我感觉他不怎么喜欢我。因为，没有人喜欢班级里倒数的学生。"在班级倒数的人是不会有多优秀的"，这恐怕是所有老师的共同认知。今年元旦，我参加了扶鹰清北学霸特训营。在那里，北大的学长和老师们教给我们许多学习方法，让我可以在学习上面"跨大一进"——就是跨大步，一下子就可以进步很多。

由于去特训营，我回校晚了半天，那半天其实都是自习课，是用来写作业的。但是，第二天回到教室的时候，有个同学却跟我说："你这是捡了芝麻，丢了西瓜！根本没用，干吗浪费时间去外面上什么没用的补习班……"我当时十分恼火，因为这个方法对我来说是这么重要，却被他们这样挖苦；同学不屑的眼光也让我感觉十分生气。

我再次坚定了自己的信念——就是一定要努力，再拼一把！久而久之，我掌握了自己的学习方法，就是稳住自己目前的学习状态，然后在一个方面上一点点进步，这也可以使我稳扎稳打。最后，在区统考当中，我从班级的倒数变成了班级15名，一下子超越了20多个人，老师对此也十分惊讶。虽然这个名次不是太靠前，却是对自己坚持和努力的一个证明，我相信自己以后肯定能再向前进步的！

在我考班级倒数的时候，我经常会觉得自己太弱了。但是当我超越了一个一个人之后，我突然发现，其实不是自己没有能力，也不是自己没有价值，而是因为我的不坚持，导致我原有的价值一点一点地消耗殆尽，最后才会产生那种想法。有些事情不是看到了希望才去坚持，而是因为坚持才看到希望，所以只有坚持下去，才能将自己的价值完美地展现出来。

当我们想要完成一件事情时，前期需要巨大的沉淀和积累，后期才能爆发出强大的实力。同理，对于学习而言，要想取得优异的成果，需要在前面进行长期的学习，当知识积累到达一定程度时，才会产生知识爆炸。所以，学习永远没有终结，在学习上我们需要做打持久战的准备，不能三天打鱼，两天晒网。

第二节　学习高手是如何养成的

我们读书的时候，会发现这样一个现象：小学升初中，可能大家的区分还不明显，初中升高中的时候，有些原本学得还不错的同学跟不上了，有些同学的成绩突飞猛进。到了高考的时候，你曾经的同学的差距更是变得越来越大，最后有的考进清华北大，有的考入一般大学，有的甚至连大学也没考上。

同样是学习，经过一个个考试的分水岭，最后有的人进化成了学习高手，有的人却退步成了学习菜鸟。这背后究竟隐藏着什么秘密呢？首先，我们来看看那些学习菜鸟是如何养成的。

有的同学觉得自己学习差，就认为自己不是学习的料。有这种想法的孩子肯定是在学习上遇到困难了，并且经历了一段学习成绩落后的日子。也许是听不懂老师的课，也许是作业不会做，也许是一次考试成绩的落后……最后"一步跟不上，步步跟不上"，造成的结果就是情绪低落、怀疑自己根本就学不好。

这个时候，如果周围老师、同学或者父母再给你点消极评价，完了……你就会得出破罐子破摔的结论："我不是读书的料。"我们来看看这个循环：学习落后→负面信念＋消极评价→破罐子破摔→学习更落后。最后，他们就会得出结论:"我不是读书的料。"

生活中、学校里、职场上，总是有些人，优秀得让人不敢相信。为什么他们能脱颖而出，成为行业高手？是不是他们天赋异禀？就像我们常听到的:"哇，掌握了多门语言，肯定是有语言天赋""那些能拿到奥运冠军的人，一定有过人的运动天赋""他能成为世界著名的钢琴家，是因为他从小就展露出了音乐天分""学习那么好，真是块天生擅长学习的料子"。

一、学习菜鸟和高手之间差了什么

谈到学习中的这个问题，我们一定要用科学态度去看待它，因为有些人会百思不得其解，陷入迷信的深渊。比如，有些家长会臆想出许多很荒唐的解释，说家里风水不好，阻碍了孩子的学习。有些同学想到自己成绩不好的时候，会归因于一些很不可思议的事情，这一点非常不可取。有些家长在孩子中考或者高考前，竟然去烧香拜佛，这样其实没什么作用，还不如给孩子做顿美食，补充一下能量。

如果智力正常，在学习能力上是没有多大问题的，这一点相信大多数的老师都认同。过往的许多经验证明，普通人的学习能力都是比较接近的，会学习的学生和不会学习的学生之间的区别，往往在一些非天赋方面的差异上。

那么，究竟是什么导致了学习高手和菜鸟的差别呢？

美国心理学家埃里克森，曾经对大量不同领域的优秀人才进行过跟踪采访和研究，得出的结论是:没有什么是天生的高手，所谓高手只不过是后天训练的产物，决定一个人是普通还是卓越的最重要的因素，其实就是刻意练习。

| 埃里克森对小提琴手的研究 |

埃里克森对一所音乐学院的小提琴手进行了区分，将他们分为一等、二等和三等三个等级。

他发现，这些选手之间最大的差异不是天赋，而是他们在小提琴上所用的训练时间。在 18 岁以前，一等选手的训练时间高达 7401 小时；二等选手的训练时间为 5301 小时；三等选手的训练时间仅有 3420 小时。这些毕业于同一所音乐学院的孩子，他们之间的练习时间差了几千个小时。

一等选手在毕业后容易成为明星；二等选手容易成为小提琴演奏家；而三等选手，极容易成为一些公办学校的音乐老师。相比于一等、二等选手，他们也就仅此而已了。

所以，不是再努力也学不好，而是没有付出足够的努力和刻意的练习。在任何领域都有菜鸟和高手，他们之间最大的差别往往就是刻意练习。而且，刻意练习达到的程度，很可能就决定了这些人才所达到的技能层次。所以，如果要成为一个学习高手，刻意练习是一条必经之路。

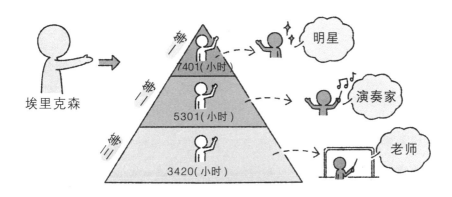

小提琴选手之间的真正差异是什么

二、什么是刻意练习

刻意练习，强调两个方面：刻意和练习。刻意练习绝对不是机械练习，也不是重复练习的次数越多，所取得的效果就越好。刻意练习，更不是指大量刷题。我见过太多的搞题海战术的孩子，但是他们往往仍然考不好，付出的时间和精力太多，效果太差，学习性价比很低。所以，刻意练习不等于题海战术。

在学习上，有时候可以看到，两个孩子都非常用功，甚至一个比另一个更用功，但是两个孩子的学习成绩差异非常大。而且，那个用功多的孩子并没有比用功少的孩子学得好。可能你也有同样的体会，自己经常做作业做到晚上12点，可是学习成绩依旧不理想。

为什么这样的"刻意练习"于事无补？这时，就要弄懂什么是真正的"刻意练习"。在学习上，重复练习的次数多，并不代表你就能成为学习高手，付出了更多时间也并不能代表你就是在刻意练习。在刻意练习这个学习系统里面，成功等于核心算法乘以大量重复的练习，能否取得关键性的成功，取决于对于核心算法的掌握程度。

| 我们与专业选手差距有多远 |

比如打乒乓球，大部分人是凭兴趣随便打打，很少请专业的高水平教练进行长期指导。因此，多数人的乒乓球水平并不高，与专业选手差距甚远。也许刚开始我们会打得很轻松，能够体会到水平上升带来的乐趣。但是，到后面就会发现，越往上，进步就越难。

而专业选手，在接受精确指导的同时，进行恰当的大量练习，技术水平达到一个很高的层次，最终可以在国际比赛上跟其他专业选手进行高水平的较量。这就是刻意练习的结果。如果一个业余选手和一个专业选手进行比赛，通过几个回合的较量，我们就会发现他们的水平根本不在一个层次之上，有着巨大的差距。

掌握了刻意练习的核心要义，我们就应该明白，做事情之前应该先搞明白方法和规律，再辅助以大量练习，这样下来，事情往往会进行得很顺利，通常都会产生好的结果。

比如，你要参加马拉松长跑比赛，那就去请这个方面的专业老师来指导，同时加上每天的勤奋训练，坚持下去就会有所收获。再比如，你要去锻炼身体，希望自己的身体更好，同时还能保持最好的身材，也可以去找专业教练，在他的指导下，采用正确方法，再加上一周 3 次的健身训练，一定会取得非常好的效果。

这种刻意练习对应到学习上，核心算法就是这个学科的学科规律。我们现在所学的知识，都是行业里的专家根据学科的知识构架整理出来，经过多年的经验研究而成，并非随意编造。因此，我们要了解这个学科的学科构造，比如将初中三年、高中三年的知识串联起来形成一条线路，使我们掌握知识有规律可循，步步上台阶。

如果不掌握这样的规律，我们进行的学习，知识点就是散乱的、不系统的，即使你进行了大量的作业训练，因为知识点之间的联系很偶然，你在考试时就会发现有知识盲点，也就考不好。刻意练习首先要求我们掌握这个学科的学科规律，然后按照这样的规律组织自己完整的知识储备库，当考试来临的时候，储备库里的知识信息调用自如，我们考试时自然会游刃有余。

三、在学习上如何刻意练习

刻意练习有两个关键性的要点：一是掌握规律；二是大量练习。我们要明白它们之间的关系。掌握了规律，练习才能有的放矢，才能避免大量无效和重复的练习；而只有大量的练习，才能更好地掌握规律，更好地运用规律去解决实际问题。在练习过程中，学习反馈可以调节我们对学科规律的掌握程度与练习所需要的程度。

所以，学习高手 = 学科规律 + 重复练习 + 学习反馈。

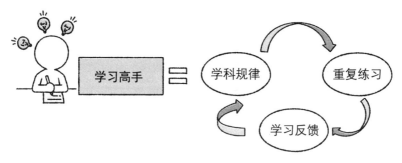

如何成为学习高手

首先，我们要掌握学科规律，但是学科规律不是一两句就能说完的，它可能是一个学习系统、是一种思维方式、是一个公式或者定理，或者是一套解释体系，等等。学科规律包含的内容非常多，需要我们接触大量的学科知识，这些知识可以来自课本，来自老师上课的讲授，或者学习参考书。我们只有接受了大量的知识，才能从中筛选和总结出学科规律。

大量练习，一方面是我们使用学科规律解决问题的过程；另一方面也是我们获取学科规律的过程。比如，我们掌握了一种解题方法，只有通过大量解题，才能将这个方法运用得十分熟练。而在这个训练过程中，我们又可以获得其他的学科规律。这是一个相互促进的过程。

进行大量练习，可以检验我们对学科规律的掌握程度，掌握得好，运用起来当然就熟练；掌握得不好，就很难使用。大量练习能检验我们运用这些学科规律，能不能解决考试问题；如果有些我们认为是学科规律，却不能解决问题，说明它们可能有问题。大量练习还能检验我们所认为的学科规律，到底是不是真正的学科规律，有些你认为是学科规律，实际上只是浅层次的认识，并不正确，需要及时更正。这样，在练习过程中就形成了学习反馈，来调节我们的练习。

有些同学喜欢大量刷题，但是就是考不好。大量刷题，精神可嘉，但是此种学习方法实在不敢恭维。因为这些同学往往不喜欢总结学科规律，仅仅是沉醉于做题的快感之中，做题让人快乐，却考不出好成绩，这样非常可惜，本质上也跟刻意练习的内涵背道而驰。

有些同学喜欢做某一个类型的题目，而且会做很多这种类型的题目，这种练习更不可取。就像一个偏食的孩子，吃得越多，营养越缺乏，对自己伤害越大。心中有学科构架，能掌握学科规律，这样的练习才是有效的。在学习过程中，我们还应建立学习反馈，只有这样才能更好地平衡掌握学科规律和大量练习之间的关系。

四、如何成为学习高手

学习高手和学习菜鸟，都在进行学习，上帝给他们的时间是一样的，但是由于他们的利用效率不一样，结果千差万别。

学习菜鸟们由于不会学习，让时间利用效率变得很低，意味着花费了更多的时间和精力，却收获很少。而学习高手，可能只是截取每天时间中的一些小片段来进行学习，结果却令人惊艳。原因在于，他们能用最少的练习，来收获更多的学科知识和规律，时间利用效率极高。

要成为学习高手，就要有更高级的学习方法，这样才能让我们投入的学习时间更有价值。在刻意练习中，我们强调掌握学科规律，进行大量练习，但是还有一点不应该被忽视，那就是"刻意"而为。"刻意"强调主动学习，强调我们要走在老师前面，走在"学习"前面。这种学习理念，可以将我们从学习的泥潭中拉出来。520主动学习法，便是刻意练习精神的最好表现。这套学习方法，将促使你成为一名学习高手。下面的章节，将详细讲解这一学习方法，助力你成为学习高手。

第三节　出色的520主动学习法

520 主动学习法，是王金海老师联合家庭教育研究团队和清华、北大、浙大等知名学校的学霸倾力打造，以人工智能深度学习理论为研究基础，在众多孩子身上验证有效，实操性、独创性非常强，并且可以直接应用于孩子日常学习的学习方法。

一、520 主动学习法的理论基础

520 主动学习法，是我们总结出来的高效学习方法，它有着扎实的理论基础，在很多孩子身上屡试不爽。

（一）高效输入、高效输出

很多同学觉得自己学习不好，是因为自己的记忆力不好。这种认识是一个很大的误区。就考试而言，的确有部分内容是需要记忆的，但是大部分试题要考的，是分析问题和解决问题的能力，记忆能力只体现在极小的一部分试题之中。

尤其是现在这个强调"素质教育"的时代，考试也变得不太重视记忆方面的知识了。学科学习中，有很大部分内容是在知识点的介绍和掌握过程中提升理解分析问题的能力和解决问题的能力。因此，就学习学科知识来说，学习并不等于记忆。

不知道你有没有过这个疑问，为什么上小学的时候，你经常考满分，但到了初中后考满分却越来越难。问题的答案是，这并不是因为你不够努力，也不是因为考试难度增加，而是因为你前后运用的是两种不同的能力。小学二年级学乘法，运用的能力是记忆，考试题都在乘法表的 81 种情况之内，只要不偷懒，就可以拿满分。但凭借记忆能解决的问题很有限，它有两个弊端：一是我们不可能把所有问题的答案都找到；二是即便我们找到所有答案，也不可能把所有答案都记下来。

在实际生活中，所要解决的问题都有无数种情况，但相对应的可以解决问题的记忆信息则十分有限，这也是为什么我们需要学习的原因。学习是从一定量的信息中，找出问题和答案之间规律的一个过程，而不是一个机械记忆的过程。

| 学习是什么 |

■ 就做菜而言，我们输入的是食材，输出的是美食，要学习的是怎么把食材变成美食。我们的大脑通过一个个例子，记住了什么样的食材应该怎么切，多重的食材应该放多少盐，然后如何翻炒，最后一盘菜就做好了。

■ 小明花了 25 元买了 5 千克苹果，小红花了 50 元买了 10 千克苹果，综合分析两个具体情况，可获得的知识是，苹果千克数（输入）与价格（输出）的关系是 5 元每千克（单价）。

■ 你养的狗有 4 条腿，隔壁邻居家的狗也有 4 条腿，综合分析两个具体情况，得出狗与狗腿数的关系，即狗都有 4 条腿。

这也是机器工作的规律，输入大量的情景数据，形成算法，从而解决更多的问题；同时也是人脑工作的规律，通过具体情景找出问题和答案之间的规律，形成大脑连接。所以，我们经常会说"先把书读厚，再把书读薄"，其真正含义是你要输入足够多的情景和问题，掌握其中的规律，再去解决问题，即从特殊到一般，再从一般到特殊。

520 主动学习法，就是要让学生在日常学习中，获得一种更加高效的"输入"，形成自己的思维模型，达到高效输出的目的。因为有了高效的"输入"（学习），同学们才能形成自己的解决问题的模型，才能轻松应对各种大大小小的考试，最终实现自己的梦想。

（二）主动学习，乐趣更多，效果更好

我们会发现这种情况，很多人都是坐车时晕车，但是当他自己开车的时候，就不会晕车。你有没有思考过，这究竟是为什么呢？

从心理学的角度讲，由于自己开车的时候，有很强的掌控感，自己有主动的心理预期，所以不会晕车。而坐车的人，因为在一定程度上失去了控制感，

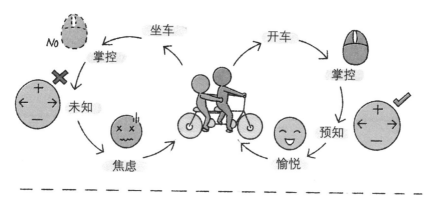

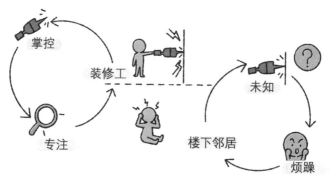

控制感与学习的乐趣

不知道司机什么时候会加速、刹车、转弯，反应变慢，所以总是唤起他潜在的焦虑和无助，然后就产生了晕车反应。你看，虽然开车和坐车都坐在车内，表面上看只有一个很小的差异，但是两个人的整体感受却相差甚远。

同样，写字楼中的装修工人用冲击钻发出刺耳的声音，楼下的人会觉得十分烦躁，恨不得上去痛骂一顿，但是装修工人却几乎不受影响。为什么工人不受到噪声的干扰？因为他自己在掌控冲击钻，大脑处在掌控局面的状态。而楼下的人，十分被动，每一次噪声发出来，对他们来说都是干扰。

上述两个案例告诉我们，如果我们对某项活动失去了操纵感，就会觉得索然无味。游戏充满乐趣的一个重要因素，就是参与者有很强的控制感，就像同样的话自己说出来和被人逼着说出来感觉是不一样的。如果你能主动掌控学习，你就会充满乐趣，遇到困难也能更加乐观，也更容易成为学霸。如果你被追赶着学，总是处在被动之中，就会很痛苦的。

| 主动学习和被动学习的心态 |

在学校，有一类同学，不喜欢听课，对学习没有任何热情，也不会主动举手发言，更是懒得做作业，当学校停电或者因为恶劣天气停课的时候，他们会非常兴奋。

也有另外一类学生，表面上和其他同学一样听课，而且别人玩的时候，他也会玩，但是学习就好像在他们的掌控之中，他们学起来更加主动、轻松，老师信任，同学喜欢。他们往往每次都能考出好成绩，而且还比较稳定，像个神话一样。

这样就会形成两个不同的循环：一个是"主动学—父母信—效率高—成绩好"；另一个是"不想学—父母逼—效率低—成绩差"。可以看出，主动学习与否，最终的结果有很大的区别。

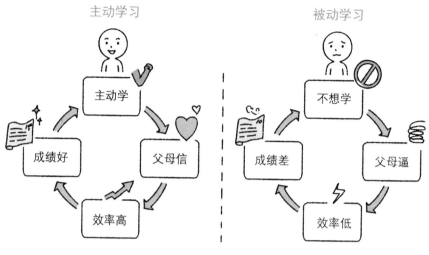

主动学习与被动学习

二、学会520，轻松应对考试

520主动学习法是根据机器工作的规律研发的高效学习方法。"5"指的是5个高效输入，包括主动预习、主动听课、主动复习、主动作业、主动时间管理。"2"指的是两个算法，包括思维导图和炼丹炉。"0"指的是考试的时候0问题地输出答案。

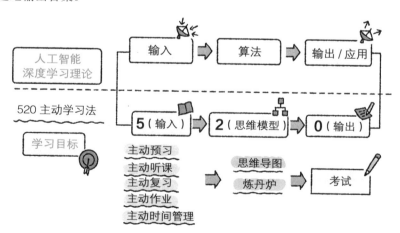

王金海520主动学习法

520 主动学习法是个很完整的学习、处理信息和考试作答的过程，其宗旨在于调动起学生的学习主动性，使主动学习更加有趣和高效。

（一）5 个高效输入

1. 主动预习

预习主要包括 3 个要素：阅读、书写、练习。

阅读：每科用 10 分钟左右的时间通读教材，将不理解的内容记录下来，这是你第二天上课要重点听的内容。

预习的目的是形成问题，然后带着问题听课，当你的问题在大脑中形成后，第二天听课就会集中精力听教师讲这个地方。所以，发现不明白之处，要写在炼丹炉里（缓存板块）。

书写：预习时，将想不清楚的、有理解障碍的、思维上的断点（不明白之处）书写下来。这一点要求读写同步走。书写就像做批注一样，一般而言，这些有问题的地方，也就是个人需要下功夫学习的地方。将不懂的问题写下来，对我们第二天上课非常关键。

练习：预习的最高层次是练习，比如做一两道能体现双基要求的练习题。不会做的题目，因为老师没有讲解，可以先放着，不懂得也没有关系。练习一方面检验你的预习成果；另一方面也给你第二天听课归纳出重点，使学习目标更清晰。

2. 主动听课

听课必须做到"跟老师、抓重点、当堂懂"。

听课时，要跟着老师的思维走。但是，如果我们不预习，就很难跟得上老师讲课的速度，因为我们对新知识点的吸收，是需要一个过程的。跟老师的目的是抓重点，如定理、公式、单词、句型等都是重点。更重要的是，抓自己预习中的不懂之处。

一般而言，不预习就当堂懂的知识在 50%～60%，预习后才能懂的知识可以达到 80%～90%。对当堂没听懂的知识，应当堂问，弄明白。争取将问题消灭在课堂之中，这样学习效率会更高。

3. 主动复习

主动复习包括想、查、说三个环节。

想：回想、回忆，是指闭着眼睛回想追忆学过的知识点，像在大脑中放电影一样。

学生在课后，最需要做的就是回想。这个过程非常重要，几乎所有的学习高手都是这样做的。学生可以在每天晚上临睡前，安排一定时间回想所学内容。

查：回想是目前联合国教科文组织承认的、最有效的复习方法之一，也是查漏补缺的最好方法。回想学过的知识时，有些会非常清楚地想出来，有些则比较模糊，甚至一点也想不起来。能想起来的，说明你已经很好地复习了一遍。通过两三遍这样间隔性的复习，有些知识几乎可以终生不忘。而模糊和完全想不起来的知识，就是漏缺部分，需要从头再学。经过复习，我们就几乎掌握了所有需要学习的知识点，自己的学习框架也就完备了。

说：就是复述。如找一面镜子对着复述，每天都复述一下自己学过的知识，每周末复述一下自己一周内学过的知识。我们应该清楚，听明白不一定是真的明白，说明白才是真的明白。这样坚持 2～3 个月，不仅能够学得更扎实，而且记忆力也会变强，概括能力、表达能力也会突飞猛进。

4. 主动作业

提到作业，无论是写作业的我们，还是陪我们写作业的家长，都觉得作业是一种酷刑。

对父母来说，陪写作业这件事，劳心劳力，备受折磨，牺牲下班休息时间不说，有的还气出急性脑梗，暴脾气的家长发火捶桌子，都会捶到骨折。

| 小偷撕了我的作业 |

爸爸回家后，看到家里大门敞开、客厅凌乱、菜刀扔在地上，11岁的儿子小可晕倒在地上……见到此景后立刻报警。

小可说，一男子入室行窃，将自己打晕，民警侦查6小时，未发现嫌犯痕迹。

原来，小可没有完成寒假作业，便撕掉作业本，制造了"犯罪现场"，并且嫁祸给"小偷"……

我们会觉得作业太多、作业太烦、作业总写不完，一提作业，总是苦不堪言。有的孩子，为了逃避作业，也是奇招百出，比如"老师，我的作业被狗啃了""老师，我的作业掉沟里了""老师，我爸妈打架把作业撕烂了""老师，我家着火作业被烧了"……甚至有一个孩子"连命都不要了"。

既然作业在我们眼中是如此可恶，那么为什么老师还要布置做作业呢？这是因为，作业可以更好帮助我们消化和吸收知识。作业就像消化上课时吃的食物一样。若是上课咀嚼认真，下课就容易消化；若是上课囫囵吞枣，下课就消化不了。

写作业还能培养主动学习的习惯。老师教，是为了有一天不教，教学的过程，就是逐步把学习主动权还给孩子的过程。那些只是等待老师讲解知识的同学，一定是没有理解清楚学习的意义。

那为什么我们总是会遇到各种各样的作业问题呢？我们会在写作业的时候，控制不住自己，比如想看手机、去厕所，还会受到家里人的干扰，比如爸妈刷抖音、吃水果等各种声音，或者是没有时间观念等。

说到底，写作业时会出现的问题，都与专注力相关。很多孩子写作业不够专注，所以才会注意到外界的干扰因素。心理学家表明，专注可以产生无限能量，而不专注是很多恶性循环的开始。

| 专注的力量 |

在学习中，有难题，也有简单的题目。对于简单的题目，我们似乎手到擒来。但是，对难题，该怎么办呢？如果你是个专注力不足的人，面对难题，恐怕会抓耳挠腮，百思不得其解。

很多时候，你自己觉得难做的题目，对别人来说可能很简单。这说明，难与简单都是相对的，可互换位置，问题就在于你如何思考。如果你专注力不够，总是浅尝辄止，就不能及时做尽可能多的尝试，也就无法解题。反之，你越专注，就越能在最短的时间里，做尽可能多的尝试，那么你离答案就越来越近。

专注还有一个好处，就是由于你全身的能量都集中到了一点，你大脑中过往积累起来的经验都被调动到这个问题上来，你的思路会更加清晰、缜密，思考问题就会更加深入而全面，就越能在最短时间内找到答案。这是一种心理意识上的能量的集中释放，力量惊人。

我们都听过王羲之研习书法太痴迷，看字帖时用馒头蘸墨水吃下去的故事。这说明王羲之是个注意力非常专注的人。

但是，专注力从何而来呢？在生活中，有几个办法可以提升我们的注意力：

一是控制自己使用电子产品的频率。美国研究人员发现，孩子在1~3岁时看电视的时间长度，与7岁以后专注力的培养具有很大的相关性。尤其是手机游戏等，对专注力的负面影响非常大。我们应尽量少接触这类电子产品。

二是合理搭配饮食。比如，含糖量高的食物，会让我们过度兴奋，而无法集中注意力。要合理搭配饮食，不要吃刺激性太强的食物。

三是加强体育锻炼。运动可以增加脑部血液流量，促进氧气和营养物质的供应，促进神经元的连接，让我们更容易保持专注力。这是我们提高专注力的生理基础。

四是有意识地训练自己保持集中注意力，达到提升注意力的效果。毛泽东年轻的时候，为了锻炼自己的注意力，经常拿着书到闹市中阅读，以此锻炼自己的意志力和注意力，效果非常好。如果你的专注力不太好，不妨找点适合自己的方法去锻炼一下。

对学生而言，不专注、不主动是很多恶性循环的开始：不主动学习，听课效率就低下，就不能按时完成作业，就要熬夜到深夜，就会导致睡眠不充足，就会影响第二天听课……下面几条可以帮助你改正这些问题：

（1）不计时不作业：限时写作业，并记录写作业的时间，做作业时不做无关事情。

（2）不复习不作业：先复习所学的内容，然后再写作业。

（3）难题放一放：遇到难题，百思不得，可以先放过，后攻坚。

（4）不检查不作业：写完作业，必须检查一遍。

（5）不小结不作业：完成作业后，要总结自己学会了什么，还有什么问题。

（6）不受外界影响：独立完成作业，不抄袭，不翻书，不吃东西，不中断学习，不说话，不上厕所。

玩耍申请书

我美丽的妈妈和我帅气的爸爸：

　　由于期末考试即将来临，学习压力比以前更大，每天您女儿的数学、语文，包括英语老师布置的家庭作业较多。为了更好地应付期末考试，调理好精气神，考出好成绩，现特申请星期六下午与同学一起去学校附近玩耍。

　　以上申请请我的爸爸和妈妈批准，如若同意，请在下列方格中写上您优雅以及动听的名字。

申请人：您的女儿

5. 主动时间管理

作为学生，平时要上一天的课，节假日又要去上各种补习班，往往晚上写作业又要写到十一二点，时间非常紧张。因此，在时间管理方面，我们还是要认真地想一想，有什么更好的方法。

平时，大部分同学都是由父母来管理时间，这样非常不好。本来时间是自己的，究竟该如何管理，应该是我们根据自己的实际情况来决定。但是，很多孩子在时间上没有自觉性，父母不管理，自己就放纵。

到底应该如何在时间这么紧张和活动这么多的情况下，合理地管理时间，并让自己有空闲呢？想寻找这一个问题的答案，我们先来做一个实验。假如下列事物代表我们学习中的项目：

石头——复习和预习各科知识

碎石——学科作业

沙子——日常生活安排

清水——学习之外的兴趣

食盐——各种娱乐项目

现在，需要把尽可能多的物品装到一个桶里，该怎么放，更合理呢？

首先，把这块大石头放进桶里，然后把一堆碎石倒入这个桶里面来，大家可以看到这个桶基本放满了，还能放其他东西吗？我们再放沙子，看能不能放进去？我们惊奇地发现，竟然还能放。放完沙子之后，看还能不能把清水放进去。果然，还可以放进很多的清水。那么，食盐还可以放吗？抓一点试一试，果然还可以放食盐进去。现在，几乎所有物品都放进桶里去了。

如果我们把顺序调换过来，就会发现，如果桶里装满了食盐，沙子、碎石、石头就不可能装进去了。

通过这个实验，我们可以发现，同样是面对学习、兴趣、娱乐等项目，如果把顺序放反了，结果就会有很大的不同。如果我们能够掌控自己，先处理与学习相关的活动，最后我们能够兼顾到学习和娱乐。但是，如果顺序放反了，可能我们的时间都被花在了娱乐上，最后其他什么事情都做不好。

所以，学会积极、主动地管理时间，做一个能够掌控生活的人，最终不仅可以收获好的成绩，还能获得更多的快乐。下面的时间管理，可以给我们提供借鉴。

主动管理时间

（二）两个算法

1. 思维导图

作为学生，我们总感觉自己要学的知识太多、太复杂，即便老师上课时给整理得很好，可是学得多了，仍然感觉十分吃力。有些同学即便学得很努力，花费了很多的时间，但是学习成绩仍然是一团糟。还有什么更好的方法来解决这个问题呢？

20 世纪 70 年代，著名学者托尼·赞博总结出了一种利用图形来梳理知识的学习技术，即思维导图。之后，这种学习技术传遍世界，风靡一时。微软、

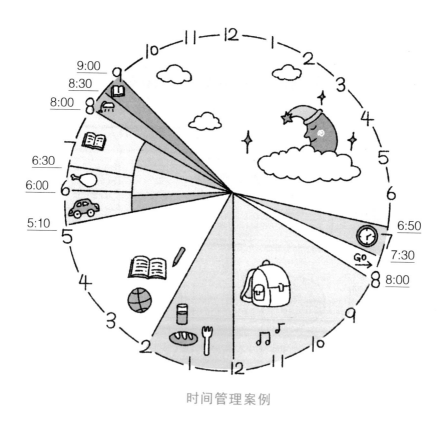

时间管理案例

惠普、波音等世界 500 强企业都将其纳入培训项目，据说还能给企业节省一大笔培训费用。思维导图在新加坡、美国等许多国家也被列为小学生必修科目。

思维导图有什么神奇之处？脑科学研究发现，人类右半脑的开发非常有限，而思维导图利用图形整理知识点，能最大可能地开发人类的右脑，从而达到使人类左右脑平衡开发使用的目的。思维导图利用图形加文字的方式引导学习者进行思维，由于充分利用人类左右脑，可以最大限度地激发人类潜能，是优秀的学习方法。

绘画是思维导图的一种表现形式，可以帮助我们快速理清思维，构建知识框架，提升思维能力和学习效率。它以一件事或者某个知识点为思考中心，并由此中心向外发散无数个节点，我们就如此联想起相关的事物，而每一个节点也可以再成为一个中心，这样就能够最大限度地把我们脑海中瞬时的记忆转化为图文，这样一份思维导图就成了我们的个人数据库。

比如在读书的时候，把一本书读成一张图，可以提高阅读能力。因为不少同学在阅读过程中，抓不到重点，甚至读完什么也不记得。这时就可以借助思维导图，根据文章结构画出主干，提炼关键词，将一篇文章或者一本书抽丝剥茧，使文中主题、思想一目了然，能加强理解，加深记忆。

思维导图还可应用于很多学科的学习，也适用于某个学习阶段，如预习、复习、理解某个公式……实验证明，把内容导图化，不仅会让学习效率倍增，还会让学习生活更加有趣。

思维导图不仅是我们复习知识点的有力武器，制作思维导图的过程，也是我们整理知识点的过程，这个制作过程也是我们系统学习的过程。而且制作思维导图时，我们给自己来了一场头脑风暴，很多的灵感也会涌现，还会产生很多好的想法，更好地帮助学习。

2. 炼丹炉

"炼丹炉"是另一个帮我们掌握学习规律、形成思维模型的工具。炼丹炉主要包括三个学习工具：错题本、缓存本、试卷分析本。

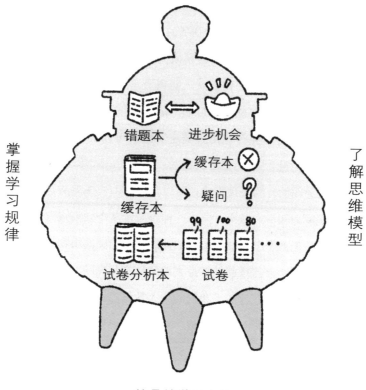

掌握学习规律

了解思维模型

炼丹炉学习方法

（1）错题本

在学校，老师一般都会要求大家做错题本，可以更好地帮助我们掌握错题。这里要求大家对知识进行 3 次复习，按照记忆的规律，建议在 7 天内完成 3 次复习，第 2 天一次，第 4 天一次，第 7 天一次。

我们要端正对错题的态度，将错题视为宝贝。看到错题，我们的反应应该是"太好了，我又发现错误了""我找到进步的机会了"，而不应该是沮丧地认为自己怎么又没有做对。

序	原题目	丢分原因	题型	第1次复习	第2次复习	第3次复习
1						
2						
3						
4						
5						
6						

备注:"原题目"这一栏既可以写原题,也可以标明题目的来源。

（2）缓存本

学习是一个发现问题和解决问题的过程,对暂时解决不了的问题,可以像电脑一样,留一个缓存。比如,在 3 天之内,我们可以寻求周围人的帮助解决问题。缓存本的运用就是将待解决的问题、难题记录下来,以待解答。

✎（3）试卷分析本

我们可以利用试卷分析本，把考试结果管理起来，以便于总结经验，进一步提升学习成绩。

考试时间：	分析时间：			试卷类型：	
考试科目	语文	数学	英语	科学	历史
得分合计					
失分合计					
1.粗心马虎 看错题、写错题、想错题、作答不规范、审题错误等					
2.蒙对的					
3.真不会 缺少思路、审题欠缺、题型生疏					
4.本来会，但没做对 基础不牢、记忆不足、复习不足、知识不全面、灵活运用差等					

（三）0 问题输出

520 主动学习法的核心是 5 个输入和 2 个算法，当我们做好输入和算法，考试的时候就应该是没有问题的，没有问题就是 0 问题地考好。

5 个输入帮助我们完成了知识的输入过程，让我们的大脑有完整的知识储备，以方便我们在考试需要的时候，随时提取知识。2 个算法帮助我们形成自己的思维模型，对学习的知识进行科学梳理，形成一个解决问题的强大系统。然后，我们就可以轻松地做一个学霸了，就是考试的时候，完全可以应对。

520 主动学习法是一个系统的学习方法，掌握方法很重要，但是持续地实践和应用也很重要。希望同学们能够通过这个方法来提高自己的学习成绩，考取自己满意的分数。

第四节　如何轻松应对考试

很多孩子学习很努力，但是一到考试就紧张，一紧张就大脑一片空白，平常所学的知识就完全应用不来，结果也考不好。如果因为考试心态问题而考不好，自己平时的努力好像竹篮打水一场空，非常可惜，也非常打击人的自信心。

这样的考试心态问题，可能曾困扰我们每一个人，只是程度不同而已。

一、考前紧张怎么办

对很多学生来说，考前紧张、焦虑是常见的心理问题。为什么会出现这样的心理问题呢？

| 借东西的焦虑 |

有人想找朋友借一辆自行车，于是他就出发前往朋友家。

走在路上，他开始琢磨了，万一朋友不想借给他怎么办？一路上他一直都在想这个问题，非常纠结，非常紧张。

不一会，到了朋友家，他敲开了朋友家的门，他的朋友还没来得及问明他的来意，就被他一拳打倒在地。

他还很愤怒地叫道："不就是一辆自行车吗？你爱借不借！"

这个看似荒诞的故事，很像我们对待考试的心情。对很多同学来说，在考试之前，焦虑已经侵占了我们的大脑，紧张也已经打败了我们的理智。可以想见，这时候去考试，就好像一个晕头转向的人上战场一样，肯定会考得很惨！

焦虑不仅会影响人的心情，还会影响人的思想及行为，干扰我们理性地思考和解决问题。对学生来说，最容易让人焦虑的，就是考试焦虑了。比如，很多同学常常会说：

"这次考试，我不想参加了。"

"班里太乱，我要在家里学习。"

"老师净讲些没用的，不如我自己看。"

"某某太烦人了，让我没法学习。"

"中午和晚上没睡好，浑身难受，心乱如麻啊。"

……

心理研究表明，轻度焦虑，可能让人心神不宁、睡眠质量下降、学习效率降低、烦躁易怒等。严重的焦虑，可能让人脑子里一片空白，不能正常思考，彻夜失眠，甚至一进学校或者班级就出现胃疼、肚子疼、尿频尿急等症状。

据华中大数据交易所的统计，在2016高考十大关键词中，"减压"以占比16.7%，位列第二，超过9成的考生有考前紧张症。可见，紧张已经成为我们需要重视的现象。

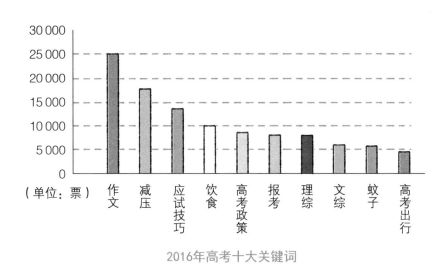

2016年高考十大关键词

二、为什么出现考试心态问题

面对这么多考试心态问题，我们不禁要问，为什么会这样？

（一）考试准备不充分

虽然每次考试的知识点都是学过的，但是每次考试的题目基本都是新的，同时有些知识点我们并不一定掌握得非常好，所以，做好考前准备工作就极其重要，所谓"不打无准备之仗"。

但是，对于学习计划性较差的学生来说，并不一定能够做好充分的考前准备。没有准备，心里对考试就没有把握，对考试也就没有自信。一个不自信的人，当然是充满焦虑的。

同理，那些会做考前计划的孩子，即使平时学得不太好，往往也能考得很好。因此，我们不但要会学，还要会做考前准备。如果考前准备做得充分，相信考试就是"瓮中捉鳖"。

（二）对不确定性的担心

未来是一个不确定值，因为你不知道明天会发生什么，你也很难知道试卷会出现什么样的题目，你会不会做。这种不确定性会让你产生紧张感。

如果我们能够提前知道考试内容，预测到考试题目，可能很多的紧张自然就消除了，但是，显然我们无法做到。在信息学上，人们把这种知识范围的扩大称为不确定性的减少。一般而言，不确定性越少，我们的内心就越安稳。

| 惨痛的中考经历 |

我叫冬冬，很幸运遇到了扶鹰。在遇到扶鹰之前，我是个非常容易紧张的人。在扶鹰学霸课程中学习一段时间后，我感觉自己收获了太多。

说起考试焦虑这个问题，我是深有体会。时至今日，我都无法忘记我那惨痛的中考经历。我的初中是在市区一所重点初中上的，本来我的成绩非常不错，每次考试也都能考个班级前10名，年级前20名左右，按照这样的学习成绩，我考到市一中不成问题。

然而，一向容易焦虑的我，在中考那年再次遭遇了考试心态问题。因为我们都知道，中考真的是"一考定终生"，比高考还残酷。高考考砸了，还可以重来，但是中考考砸了，就只能去上职高，可我不想上职高。

于是，在考试的前一天晚上，我就紧张到后半夜才睡了一小会。由于不知道明天会怎么样，也不知道会考什么样的题目，题目难不难，内心十分焦虑，也十分恐惧。结果，第二天考试，天气非常热，再加上我心情非常激动，脑子里面思路非常混乱，就什么也都想不起来了。

几场考试下来，我现在都不知道怎么考过来的。考试结束之后，我整个人就崩溃了。后来，再次看到试题。天呀！都是好容易的题目啊！却考得一塌糊涂。这种感觉真的是非常痛苦。而我最终也勉强上了一个市区内几乎是最靠后的普通高中。

每次回想起中考的惨痛经历，我都不能释怀。现在，遇到扶鹰，希望扶鹰的课程能够帮助我调整好个人心态，让我以最好的状态面对考试，在高考的时候，考出自己满意的成绩，决不能让中考的悲剧重新上演！

所以，想要解决紧张的问题，最根本的方法就是输入更多的信息，当你对事物的不确定减少后，紧张也随之减少。

（三）担心让别人失望

心理学上有一种现象叫作"情绪感染"，意思是我们在由他人情绪引起反应的过程中，产生与他人情绪相匹配的情绪体验，是一种情绪传递的过程。面对考试，父母和老师都希望我们考好，如果考不好，我们就会担心他们的期望得不到满足，进而产生负面心理。

在中考、高考的关键时期，这种情绪感染的现象尤为明显。当父母对我们有一定暗示和感染时，我们的心态就会发生变化。尤其是当父母对我们怀有很高的期望时，我们对自己能不能考好就非常重视，就越容易产生焦虑。

| 一考试就生病的孩子 |

有一位同学，特别害怕考试，总担心会让妈妈感到失望。

有一次，他发烧了，导致考试状态很差，成绩也不尽如人意。他担心妈妈会批评他，但是妈妈的注意力集中到了他生病这件事上，也就相应地对他的成绩没有苛求，安慰他没关系，下次考好就行。

由此，他发现发烧这件事可以转移妈妈对考试的重视，从那之后，他每次考试几乎都会发烧。这件事从本质上看，并不是身体的原因，而是心理机制发生了变化。

案例中的孩子，是个很敏感的学生，很在意自己考不好会引起父母的不高兴。所以，当他发现生病可以让父母转移注意力的时候，便会在潜意识中暗示自己生病，或者让自己产生与生病相似的症状，以此来减轻自己的心理负担。这是典型的情绪感染现象。

三、调整考试心态的妙招

除了考前紧张，我们可能还会遇到考试突发情况、考差了不知道如何应对等各种问题，那应该如何调整自己的心态，来应对考试中遇到的问题呢？下面的几个方法，会对你有所帮助：

（一）做足考前准备工作

有个成语叫作"未雨绸缪"，讲的是没有下雨的时候，就修好房屋，以免下雨的时候屋漏淋雨。现在，很多人做事情都注重未雨绸缪，因为真的等下雨的时候，再去修房子一定会被淋得很惨！

对于考试也应该是这样的。不能等到考试到来的时候，才发现自己这个不会、那个不懂，那就已经太晚了。平时学习的时候，就多想一想这样的知识点如果考试的话，会怎么考？考试之前的三五天，或者一两个月，可以做一个考前小计划，把知识点系统地巩固一遍，把自己的错题本拿来研究一下，这些都是很好的习惯。

还有，要预想一下，考试的时候如果发生意外怎么办，比如在考场上紧张，可以使用什么方法缓解。如果考试的时候突发疾病了，该怎么办？如果我们的准备是充足的，那么就会减轻对未来不确定性的焦虑程度，就会增强自己的考试自信心，有了强大的自信心，考试的时候才不会手忙脚乱。

（二）想象最坏的结果

当你觉得紧张的时候，可以尝试坐下来，想象最坏的结果，把你的紧张写下来，接受自己的紧张状态，而不是一味地劝自己不要紧张。

现在，请你放松心情，深呼吸，想一想过往紧张的经历，究竟是在紧张什么？

【填一填】

你在紧张什么

我觉得紧张是因为我在担心：_____

给下列担心的内容按照优先程度排序：

(1) 担心考不上喜欢的学校/专业；

(2) 担心达不到父母的期待，被责怪；

(3) 担心自己没有进步；

(4) 担心达不到自己的目标，影响接下来的计划；

(5) 担心被他人嘲笑；

(6) 担心自己会失去什么；

(7) 担心被别人比下去；

(8) 担心受到惩罚；

你的排列顺序是：_____

当你做完这一排列时，你在内心就会对令人感到紧张的事情产生一个预期，根据这一预期想象最坏的结果。你会感到，最坏的结果也不是什么不可跨越的障碍，也不过如此而已。那些所害怕的、所惶恐的东西，本身并没有那么可怕，这时便可以放下心来，让自己放松下来。

｜ 想考四川大学的孩子 ｜

我认识一个同学，他想将来成为一名中国科学院的院士，高考目标是考上四川大学。

加入扶鹰教育活动仅仅一年时间，他从没有目标到目标明确，且从年级排名 800 开外到超一本线 70 多分，但他依然非常担心。

于是，我便告诉他，如果没有考上四川大学，明年就再努力一年，把高考目标定为清华大学或者北京大学。这样一来，他便没有什么可担心的事情了，而是朝着目标前进。

卸下心中的负担，我们才能轻松上阵，我们的理性大脑才不会受到干扰，平时所学的知识才能更好地发挥出来。在案例中，这个同学学习成绩很好，考上四川大学不成问题。然而，他面对考试的时候，缺的是一种平和心态。我通过跟他交谈，帮他卸掉了心中的负担，他就能轻松上战场了。这样，他才能发挥出自己的最佳水平，取得好成绩。

（三）把注意力放在赢上

苏联举重冠军瓦西里·亚历山耶夫说，在举起杠铃之前，我必须在精神上把它举起来！这恰恰是把注意力放在了举起杠铃这件事上，也因此才能心无旁骛。杨澜曾经代表中国争取 2008 年北京奥运会的主办权，她十分紧张，便向邓亚萍求助，邓亚萍告诉她："想着输，就会紧张；想着赢，就会勇敢。"

我们把注意力放在对输的担心上，脑子里就会充满杂念，就无法调动所有的能量克服困难，做事情就不会坚决，内心会因为担心而变得软弱，这时候我们就很难赢。很多比赛场合，输和赢往往只是一念之差，如果内心不坚定，就会错失机会。

| 我认识的一位学习高手 |

我有一位中学同学，是个典型的学霸。他从小学开始，就学得非常好。

中考的时候，他很轻松地考上了市内最好的高中。高考的时候，他以非常优异的成绩考取了清华大学。在大学里，他几乎年年都拿奖学金，家里基本没有给他出过什么学费。这一点，让我们大家非常羡慕。

记得有一次聚会，我们问他："过去的那么多年，你一直学习很好，秘诀在哪里？尤其是考试的时候，别人都很紧张，你却看起来非常轻松。"

他给我说了几句让我这一辈子都印象非常深刻的话。

他说："如果你总是担心自己考不好，你考试的状态就会出问题，学得再好，发挥不好也没用。而我就不存在这个问题，我把所有的精力都花在了得分上。对于考不好的事情，从来没有想过。所以，我可以很专心地解答每一道题目。而且，我在学习的时候，也总是刻意训练自己的这种心态，当考试来临，就像一次小的测试一样，并没有什么可紧张的。"

原来，真正的高手，往往能抓住念书的重点，把注意力放在得分上，就不会分散注意力，心理负担就轻很多。他们做到了这一点，便不会对考试充满恐惧，也才能更好地发挥自己的水平，说得真好。当然，做到这一点，平时注重训练好的心态十分重要，而且在学习的时候要有明确的目的，做到有的放矢。

所以，考试之前，如果把所有的心思都放在对未知的担心上面，静下心来思考试题的精力必然会减少，这样只会让我们更加紧张。而我们一旦把心思花在如何拿分、如何解题这件事情上，事情反而能够好转起来。

你可以试着回想一下，自己在过去读书生涯中获得荣誉和父母表扬的场景，哪些高光时刻让你觉得自己闪闪发光，记住这样的状态，尝试调动起那些赢得胜利的感觉，你的内心一定会平静许多。

把注意力放在赢上，我们才能避免心理负担。

（四）以波澜不惊的心态应对考试

在实现梦想的过程中，我们会遇到无数个大大小小的考试。如果你考试的结果不错，请不要得意忘形，因为骄傲的结果我们都知道。

如果考砸了，处在低谷中有两种选择：一种是放弃，破罐子破摔，这次没考好，放弃了，失意到变形，从此一蹶不振，抱怨人生。另一种选择是检讨自己，再次证明自己。低谷是一个人证明自己是强者的最好机会。

学习是一个爬坡的过程，这正是你走向优秀的必经之路。下次再经历波动，无论成功还是失败，你都会非常冷静，因为你有更长远的梦想和目标，

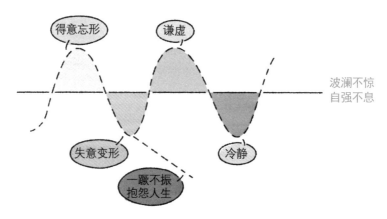

面对考试的心态

以波澜不惊、自强不息和长远的眼光来看待考试，你一定不会有紧张焦虑的考试心态问题。

（五）改变肢体语言

如果在考场上紧张，该怎么办？这时候，我们可以通过改变肢体语言的方法，舒缓自己的压力。比如，我们可以将肩膀收缩，用数息法让自己平静下来，也就是深呼吸，数自己的呼吸次数，通过控制呼吸达到缓解焦虑的目的。

我们也可以打开肩膀、昂起头颅，按压相应穴位，如百会穴、太阳穴、合谷等，使得自己的身体处于放松状态，从而减缓焦虑。如果当时十分紧张，我们甚至可以闭目冥想，转移自己的注意力，让自己暂时远离会让自己紧张的事情。肢体语言有很多种方式，我们可以在平时查找一些相关书籍进行学习。

肢体语言是一种由外而内的缓解焦虑的方法，操作简单，效果明显。特别是在一个特别紧张的场合，对于缓解这种暂时性的焦虑非常管用。比如，在中考和高考的时候，在监考老师发放试卷之前，做个深呼吸，或者做一个短暂的冥想，既不会浪费考试的时间，也可以让自己的紧张心情舒缓下来，十分有益。

第三章

做一个受欢迎的人

■ 2000多年前，哲学家老子告诉我们："知人者智，自知者明。"如果每个人都能既了解别人又非常了解自己，那么生活中很多的矛盾和误会都将消失，换来的将是大家的和谐相处。

第一节　先接纳自己，别人才会喜欢你

　　我们所处的时代是个知识爆炸的时代，新事物海量涌来，社会变得极其复杂，对个人素质的要求也越来越高。不管是在学校，还是在职场，想真正做一个人才，专业能力要强，处世能力更要强。

　　不善于与人交往的人，在以前的社会里，也许可以凭借一技之长生存下去，但是在现在这个复杂的社会里，就会生存得特别艰难。在生活中，我们也会发现，有很多人做了好事却落不得好结果，原因恰在于他不善于跟人沟通，不会在与人相处中为自己争取发展机会。

　　因此，从现在开始，我们就要试着改变自己不善于交际的尴尬局面，让自己成为一个社交小达人。这一点越早意识到，越早改变，对我们未来就越好。

一、性格内向，导致不善交际

　　我们常常固执地认为，自己之所以不善交际，是因为性格内向，没有社交的优势。实际上，这两者之间并没有必然关系，有些性格内向的人反而非常懂得与人相处。况且，性格内向，还是外向，界限非常模糊，很难做一个清晰的判断。

每当人们这么说的时候，我就会跟他们说，我的性格也很内向。于是，有些同学便表示惊讶："怎么可能呢！你看你的性格，这么外向。每次都能在大型演讲场合展示自己，气势雄浑，自信满满，怎么会内向呢？"其实，他们不知道，每当我下了演讲台，自己独处的时候，往往表现得非常内敛。事实上，我小的时候，就是个性格内向的人。

性格学认为，没有人是绝对的内向，也没有人是绝对的外向，每一个人的性格中往往都包含内向和外向的因素。只是每个人内向和外向的偏向值不尽相同而已。我们之所以常说自己外向或者内向，是受社会认知偏差的影响，很多时候别人的评价也不一定准确。

很多人总是主观地认为，外向性格的人比较容易成功，内向性格的人不太容易有成就。这是因为他们看到，无论是在公开场合，还是在私下活动中，外向性格的人都表现得非常主动、热情，有活力，游刃有余。相比之下，内向性格的人则要逊色很多。事实真的是这样的吗？

美国有个百万年薪俱乐部，据统计，其中有70%的人是偏内向一点的性格。他们比那些喜欢夸夸其谈的外向性格的人更善于思考，在对同一问题的分析上，他们能够提出更有深度和高度的思想，往往取得的成就也更大。

所以，性格内向或者外向，本身并没有什么优劣之分。重要的是，我们能够正确地看待自己，并且利用好自身的优势。就像我虽然性格内向，但是我在学习演讲这个事情上非常努力，并且为此向很多演讲高手请教过，所以现在才能有胆量站在讲台上给你们讲课。

其实，最合适交际的性格，是一个"水"的性格，遇到不同的容器会有不同的形状。需要外向的时候，就变得外向一点；需要内敛思考的时候，就变得内敛一点。这样，我们就能更好地适应交往环境，成为社交"小达人"。

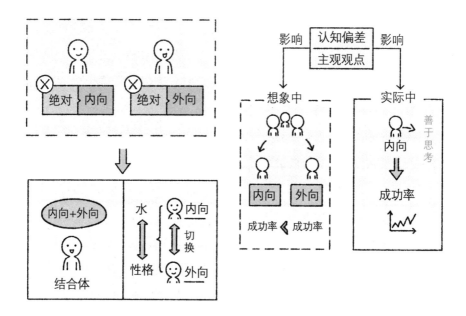

完美性格："水"

二、不接纳自己，怎么有勇气社交

有没有问过自己，为什么不善于社交？

相信很多人会说："我胆子太小""我好害羞""我不知道该说什么""我不喜欢表现自己""跟人说话很不自在""怕说错了话，别人不高兴""跟人说话，就会紧张，大脑一片空白""不喜欢那种场合"。我也经常听到很多孩子喜欢说"我不行，我不会，这个我不能"等等这样的负面词语。

必须指出，这些只是我们不敢社交的借口，而不是理由。深思这个问题，你会发现，不善于交际的根本原因，在于我们不能接纳自己。我们不能接纳自己的不完美，不能接受自己的一些"缺点"，甚至不能接受自己的"笨拙"，才导致我们恐惧于面对他人，才会出现各种社交障碍。

| 无条件地接纳自己 |

心理专家认为，自我接纳是指个体愿意去面对自己所具有的任何特征，并且无条件地接纳这一切。这里的重点是，无条件地接纳，是指不管自己有什么缺点，都能够接受，并且往积极的方面去想。

良好的社交能力并非天生，是后天在社会交往中，不断参与社交活动"训练"出来的。如果你惧怕社交活动，你得到的训练机会就会减少，你的社交能力就会越来越弱。这是一个恶性循环。社交心理恐惧，会让我们困于这种恶性循环，变得越来越懒于社交活动。

有个孩子因为自己有点口吃，就不敢跟别人说话。他越是不敢说话，自己越得不到锻炼，表达能力就越差。他如果能够转变思维，接纳自己，并且找到问题的根源，表达能力经过锻炼就会有所提升，生活状况也会有很大改善。他觉得自己会因为口吃被别人嘲笑，实际上，大多数的人还是很友善的，并不会去嘲笑别人的短处。他可以跟人这样说："我因为口吃，说话有点费力，请大家多多担待。"这样的话，别人不仅看到了他的坦诚，而且还看到了他的勇气，反而会敬佩他。

| 我是如何接纳自己的 |

高中的时候，我曾被老师突然点名上台回答问题，那个科目正好是我所擅长的，题目也非常简单，然而我站在台上十分紧张，大脑一片空白，使得整个场面瞬间陷入僵局。

我听到老师在不断地提醒，但当时无助的我，仍然没有解答好这道题，最终，2分钟后，我在遗憾声中被请下了讲台。这对我是一件多么恐怖的事情，导致我很长一段时间都不能走出这个阴影。

自那之后，我对上讲台这件事产生了强烈的恐惧，只要老师每次说点名上讲台，我的大脑就自动出现一片空白，这种心理一直延续到大学。

我曾经在大学一年级的时候，提交了入党申请书，但因为没有勇气完成上台朗读的任务，我的申请直到大四才被通过。后来我反思自己，发现出现这一问题的主要原因是，我无法承受别人的异样眼光，总是担心会让别人失望，这样的恐惧导致我不敢上台。

这种心态在后来有了改变。在一次活动中，我尝试站在舞台上，下面的人都在开心地跳舞，我有些拘谨，但我很快也跟着音乐扭动起来。这时我惊讶地发现：原来并不是所有人都很关注我。

从那一刻开始，我慢慢放下自己，不再担心别人对我投来异样的眼光，我逐渐发现自己内心变得平静了，开始慢慢找到认识自己的感觉。

可以看出，在社交这件事情上，真正困住我们的，不是别人，而是自己。别人的眼光或许很锐利，但是都不具有"杀伤力"，因为它不能对你造成任何伤害。真正伤害了自己社交积极性的，反而是自己心里面的拘谨和对负面效果的过多考虑。道理就是这样，你自己不愿意去接纳一个虽不完美，却非常真实的自己，你就会在社交上存在恐惧心理，也就不喜欢社交场合，自然也就变得越来越不会社交。

如果我们心里想的都是社交时一些令人鼓舞的事情，那么与别人交往便会成为一种乐趣。

三、如何提升自己的社交能力

有些同学也想在社交中游刃有余，却不知道怎么去做。其实，社交能力的培养也是有方法可循的，同学们可以尝试从以下几个方面入手，来提高自己的社交技能。

（一）享受你和朋友之间的乐趣

生活中，可以看到有些性格活泼的小孩，跟别人玩或者说话的时候，无拘无束很放松，很欢乐。他们不仅能让对方愉快，而且自己也完全沉浸其中。对他们来说，社交就像玩游戏一样，轻松、自在，还能给自己带来快乐。而社交能力不佳的小孩，往往不爱说话，常常遭遇冷场，也不懂得化解冷场，自己对社交的体验感非常差，就导致自己没有了社交乐趣。我们有没有想过，为什么会这样呢？

我通过观察，分析出了原因：那些不善于社交的孩子，往往在社交之前，会对社交场景和别人对自己的态度产生焦虑感，产生种种不愉快的假想，让自己更加拘谨和手足无措，从而产生紧张和不愉快的情绪体验。这样的社交体验，会成为一种负面强化，让自己变得越来越不想参加社交活动。

在这里应该注意几个要点：一是不愉快的假想，其实你自己感觉到的不愉快或许并不是真的不愉快，只是你自己的负面心理造成的，可能这场交谈令对方感觉非常好，你应该为此感到愉悦才是。二是自己放大了无助感，让自己在社交场面中变得过度被动，关注力被集中到了自己的无助感上，从而体验不到快乐。

因此，想更好参与社交，就要先抛弃那些负面的假想，不去管别人的评价，多去想一想社交带来的愉快体验。比如，某个朋友的一句夸赞或者一个很友好的动作等。这样，我们就慢慢地从心里接受社交活动，感觉到社交活动不再那么令人不安，从而享受到社交活动的乐趣。

享受社交乐趣，我们才有胸怀迎接跟别人的交往，在一次次说话或者肢体接触的"训练"中，变得更加懂得别人、懂得自己，让自己从社交活动中获得社会能力的发展，为以后的人生做充足的准备。

"物以类聚，人以群分。"人的社交圈，往往也是这样形成的。

你是什么人，往往你的身边就会汇聚什么样的朋友，这一点很微妙。

我们都希望交到优秀的朋友，都希望跟那些很有魅力的人交往。那些优秀的、有魅力的人往往也是这样想的，他们也想找到更加优秀、更有魅力的朋友。如果你不提高自己，不把自己培养得很优秀、很有魅力，别人怎么会愿意跟你交往呢？如果你不优秀，即使跟别人成为朋友，也大多只是表面上的朋友，而且也不会长久。

所以，如果你变得优秀，很多人会主动来找到你，期待跟你成为朋友。你也就不需要花费那么多的心思去结交朋友了。对于这一点，我深有体会。扶鹰刚刚成立的时候，我曾经去浙江大学听演讲，发现一位非常优秀的老师，我就跟他讲："老师，我能不能请你讲课？"当这个老师知道我们才初步发展，还很弱小，也无法提供给他高昂的讲课费之后拒绝了我们。这件事让我明白了一个道理，那就是自己一定要强大。这些年我不断地提升自己，直到把扶鹰发展到全国各地。今天，有很多老师回过头来，纷纷找到我们，想加入团队成为讲师。

（三）接纳你的朋友，求同存异

我们接纳自己，才不会在社交中表现得非常自卑，才有自信去找到好朋友。但是，我们更要学着去接纳别人，因为你的朋友也像你一样，并不是完美无缺的人。你只有接纳他们，才能更好地与他们相处下去。

人们常说："金无足赤，人无完人。"你的朋友身上有许多你需要学习的优点，当然也肯定有一些你需要避免的缺点。在相处的过程中，首先要分清楚这些缺点和优点，然后才能做到"求同存异"，你跟你的朋友才会愉快地玩耍，你也才能在玩耍中成长得越来越好。

我们跟朋友刚开始相处的时候，往往因为彼此的兴趣爱好而相互吸引，会经常待在一起。但随着时间的推移，两个越走越近的朋友会逐渐发现对方身上的不足，产生挑剔与不满的感觉，处理不好，就会导致情感破裂。这种现象，很多同学在交友过程中遇到过。

| 心情郁闷的晶晶 |

晶晶是一名初二的女生，学习上偏科严重。她参加扶鹰线下课，是因为数学怎么都学不好。经过一段时间的接触，我对她的了解越来越多，发现她在社交方面存在问题。

她跟我说，她跟班上数学课代表菲菲的关系非常差。记得刚开始，在一次小组活动的时候，她跟菲菲因为一个项目需要共同合作才建立了联系。那时候，大家还是在初一的上学期，彼此不是特别熟悉。她觉得菲菲特别聪明，动手能力强，而且数学成绩非常好，就想跟菲菲交朋友，帮助自己提高数学成绩。怀着崇拜和欢喜的心情，晶晶跟菲菲成了无话不说的好朋友。

但是，随着交往的深入，晶晶发现菲菲是个骄傲和自私的人。尤其是在擅长的数学上，菲菲更是表现出了"唯我独尊"的傲气。每次数学课堂回答问题，菲菲总是第一个发言，而且几乎每次都讲得非常正确。在获得了老师的夸奖和同学的羡慕眼光之后，菲菲更加骄傲起来，对数学成绩不是很好的晶晶也表现得不怎么友好。

感觉到自己不被重视，晶晶非常落寞，就只好跟班级上的其他人成了好朋友。琴琴是班里面的一个非常友好的女孩子，学习也很不错，经常可以考到班级前5名。遭到冷遇的晶晶就跟琴琴走得近了起来。后来，菲菲发现晶晶跟琴琴做了好朋友，心里不爽，说话语气中总会表现出来一些不悦的情绪。这让性格有点柔弱的晶晶非常吃不消，她没有想到，原来那么好的朋友竟然关系变成了这个模样。

晶晶很苦闷，不知道该怎么办。因为菲菲是数学课代表，班里组织跟数学相关的活动，晶晶因为菲菲的缘故很少参加，致使自己的数学成绩变得越来越不好了。虽然晶晶也知道这个事情对自己影响蛮大，但是一直不知道该如何跟老师和父母去说。晶晶的心情就这样一直非常郁闷。

在这个案例中，我们可以看到，菲菲的性格有些问题，虽然学习成绩好，身上优点很多，但还是存在一些缺点，高傲、不怎么友好，不懂得礼让，也不懂得包容和理解别人。这样很不利于班级和谐氛围的养成。晶晶的问题在于有些敏感，不懂得人与人之间其实差距是很大的。当我们既能欣赏别人的优点，也能包容别人的缺点的时候，我们才能对别人有一个正确的态度，保持正常的社交距离。晶晶由于不能很好地处理和菲菲之间的关系，导致这件事情影响到自己的学习成绩，非常可惜。

（四）礼尚往来

这是中国的经典古话，在生活中，非常有用。我们经常讲："一回生，两回熟，三回就是好朋友。"就是说要成为好朋友，需要一个又一个回合的交往。即使我们可能感觉两个人特别投缘，但是也需要经过一段时间的沉淀，关系才会更加稳定，友谊才会更加稳固。

这里特别需要提醒大家的是：很多同学总是怕麻烦别人，导致与他人的关系较为疏离，这样很容易错失建立良好人际关系的机会。因为你只有经常敢于去麻烦别人，对别人的帮助表示感谢，而且在别人困难的时候也给予对方帮助，你们的关系才会更加平等，友谊才会更加长久。

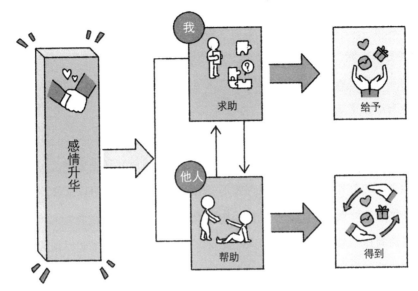

感情交往是一来一回的事情

| 多还一些粮食 |

我小的时候，整个社会的经济状况不怎么好，大家都比较贫穷，碰到收成不好的年份，缺衣少食是常事，因此，借粮来吃也很常见。

记得那时候，家里的粮食每到春天总是不够吃，这是因为卖掉的粮食换来的钱，几乎都要用来给我和姐姐交学费。这让本来就不富裕的家庭，常常遭遇困境。每到那时，母亲便会去邻居家借粮食，邻居们每次都很乐意把粮食借给我们家。

在庄稼有了收成之后，我们再把借的粮食还给人家。母亲每次还粮食的时候，都会多还一些给邻居，尽管有时候邻居们也不好意思收下。这其实就是礼尚往来。因为有借有还，而且还会多还一些，让我们家下一次借粮食的时候，变得并不困难。毕竟，你帮了人家，等你家有困难的时候，别人也会加倍去帮助你，这是非常好的事情。

在借粮还粮的来回过程中，我们跟街坊邻居相处得非常好，我们跟他们的感情也变得特别好，他们感受到我们的回馈，大家之间的感情便一次次升温。这就是礼尚往来的魅力，你想要是你们家借粮总是不还，那么下次就不会有人再借粮食给你家了。

当你请别人帮忙的时候，别人在你面前会很有成就感和价值感。同时，当你感谢别人的时候，你也会给予别人更多的回馈。你的朋友可以从你这里获得精神和物质的双重回报，长此以往，你们的感情就会非常稳定。

当然，那些喜欢占小便宜的人，是很难有长久友谊的。比如你到别人家带水果都挑最便宜的买，在生活中经常把自己不喜欢的东西给予别人，这种行为都是非常不可取的。对待他人，需要保持一颗真诚而谦卑的心，将心比心，别人也会感受到你的真心。

第二节　如何结交真正的朋友

我们都听过"高山流水"这个词语，也知道伯牙和钟子期的故事。可以想象，如果伯牙没有遇到钟子期这样的好朋友，那么自己即便弹奏一手好琴，也无人欣赏出《高山流水》的妙处。同样，对于钟子期来说，如果没有遇到伯牙，可能这一辈子也听不到这么美妙的音乐。《高山流水》的妙处，正在于知音难觅。

很多时候，我们可以从朋友那里发现自身存在的价值和闪光之处，这也是朋友能带给我们的价值。前提是，我们需要结交到真正的朋友，才会有高山流水般的友谊。那么，如何结交到真正的朋友呢？

一、交朋友为什么需要选择

在历史上，有很多因为交了不好的朋友，导致国破家亡的故事。在现实生活中，也有很多本来表现还不错的孩子，因为结交了一些不三不四的朋友，最后走向犯罪、坐牢的深渊，想一想也是挺可怕的。交一个朋友，会给自己造成那么大的影响。那么，为什么会这样呢？

（一）朋友的品质有好坏之分

古人云："近朱者赤，近墨者黑。"朋友一定会在无形中对我们产生影响，至于这个影响是好是坏，则由朋友的品质决定。

朋友可以帮助我们健康成长，也可以把我们打倒在成长的路上。青少年模仿的天性非常强，辨别是非的能力有待提高。如果把好的人和事作为榜样，我们便能快速进步；如果把坏的人和事作为榜样，我们的人生之路便会越走越偏。

孟母为了给孟子创造一个友善的生活环境，曾经多次搬家，最终找到了适合他成长的环境，才把孟子培养成和孔子齐名的思想家。可以说，孟子的成才与他母亲"择邻而居"的教养方式分不开。我不希望，本来可以成为一个人才的你，在人生之初的道路上，由于择友不当走偏了人生方向。我希望，年轻的你，谨慎交友，将那些奋发向上的人作为学习的榜样。

| 孟母三迁的故事 |

孟子的母亲，世人称她孟母。孟子小时候，居住的地方离墓地很近，孟子

就跟伙伴玩起了丧事的游戏，并且学会了跪拜和号啕大哭。孟母说："这个地方不适合孩子居住。"

于是，她将家搬到集市旁，孟子学会了杀猪宰羊，还学会了鞠躬欢迎、招待客人等一套动作。母亲又想："这个地方还是不适合孩子居住。"

她又将家搬到学宫旁边。孟子学会了在朝廷上鞠躬行礼及进退的礼节。孟母说："这才是孩子应该居住的地方。"就在这里定居下来了。等孟子长大成人后，学成六艺，获得大儒的名望，人们认为这都是孟母逐步教化的结果。

不管在古代，还是在现代，搬家都是一件费力的事情，换作一般人，不会搬来搬去，因为太麻烦。但是，孟母却用心良苦，因为她知道朋友和环境对孩子的影响非常重大，一旦孩子受到不好的影响，将会误导一生。因此，即便搬家如此烦琐，她也要不辞辛劳地一次又一次搬家。

朋友的品质有好坏之分。如果你交到了一个爱学习的朋友，他或许不用说什么，你看着他学习的样子，也会跟着去好好学习。我记得，我高中的时候，为了提高学习成绩，就主动结交过班级里甚至学校里学习成绩特别好的同学，结果我的学习成绩就很快得到了提升，尽管他们没有教给我方法，但是受到他们感染，我也爱上了学习。我后来也惊叹，这种方式居然作用那么大！你不妨也试一试这个方法。

但是，如果你交到一个好吃懒做的朋友，那么你的心中就种下了好吃懒做的种子，时间长了，你也会成为这种人。人的品质是不一样的，朋友的品质也是各不相同。朋友的一些坏习惯，或者坏的品质，也是会传染的。

所以，注意区分朋友的品质，在交朋友的时候才能不走偏路。

（二）交朋友的时间和精力很有限

据一项研究表明，两个陌生的人从路人到成为朋友，各自大概要花费50

个小时；从朋友到成为非常值得信任的朋友，还需要花费 40 个小时；最后两个人的关系发展到成为知己，总共要花费超过 200 个小时的社交时间。

| 爱交朋友的嘉嘉 |

嘉嘉是个初二的男孩，刚来我们扶鹰线下课，就给我留下了非常深刻的印象。记得那一次，我在上了一天课后，非常疲惫。突然有个小男孩走到我的面前，给了我一瓶矿泉水，还客气地说："老师，您辛苦了！"这是一个个头不怎么高，瘦瘦的，看起来特别机灵的小男孩。他的热情与关心令我内心非常欣慰。

我就跟这个给我矿泉水的男孩子聊了起来。真是不聊不知道，一聊吓一跳，这个小男孩真是太能聊天了。从上一堂课结束到下一堂课之间那么一大段时间里，他一直在跟我聊。而且聊的内容可广泛了，从他的老师到他的父母，从他的学习到他的理想，从国家大事到他的休闲娱乐，从线下课程的感受到对教育的看法，他几乎是我见过的聊天聊得最好的孩子。

晚上，我主动地联系上了嘉嘉的妈妈，跟她聊起了嘉嘉的学习和生活状况。嘉嘉来自浙江一个比较富裕的家庭，爸爸妈妈都是搞艺术的，性格都比较开朗，这在无意间影响到了嘉嘉。从小的时候，嘉嘉就表现出了极高的语言天赋，还非常喜欢交朋友，整个小区的小孩子没有他不熟悉的。而且，每到一处，他还会结交一些新的朋友。据说有一次，在公交车站等车的时候，他都交了几个好朋友，后来才发现是隔壁学校的孩子。

本来，性格开朗，爱结交朋友是很好的事情，但是在嘉嘉这里却成了"灾难"。由于太爱交往，嘉嘉几乎把所有的时间都投入到了交朋友这个"事业"当中，导致他学习成绩非常靠后。爸妈对此非常着急。这不，听说扶鹰教育的老师非常善于处理孩子的这方面问题，他们就带着嘉嘉找到了我们，期待嘉嘉有个巨大的变化。

你看，交朋友确实是一件非常花费时间和心血的事情，尤其是经营一段好的友谊，则需要更加用心去维护相互之间的关系。比如，朋友家遇到什么喜事，你去送礼，要选择什么礼物，都是非常考验人智慧的事情。但是，人生是有限的，我们要生活，除了交朋友，还有太多的事情要做。这一点决定了我们不可能无限度地投入时间和精力去交朋友，而是要结交一些高质量的朋友。

嘉嘉是个精力充沛的孩子，在社交中体会到了非常多的快乐。但是光快乐还不够，学习成绩不好可是个大问题。因此，我们就要在这个方面给嘉嘉提供帮助，帮助他筛选一些社会关系，让他不仅会交朋友，也会学习。

二、选择朋友的标准

朋友就像一面镜子，反映的是我们自己的品质；朋友圈也像一个大染缸，会把我们染成各种颜色。选对了朋友，我们的人生就仿佛打开了一扇新世界的大门；选错了朋友，我们可能会坠入深渊。因此，如何选择有潜质的朋友，非常重要。我们在线下活动中，选拔优秀孩子看重三个方面的特质，可以给你在交朋友的选择标准上提供借鉴。

（一）主动

做事主动的人，其品质特点之一是敢于面对自我。如果我们无法面对自己，连自己都不能保护好，又怎么可能帮助到别人，又怎么可能形成更加优秀的品质呢？也就肯定不是一位优秀的朋友！

很多人在学习上经常犯的毛病是，当大家都听懂了的时候，你可能不懂，但是你故意装得自己很懂，或者不知道自己是不是听懂了。这样下去，你就是在欺骗自己，不敢面对自己。如果你跟老师去请教，可能老师讲了一遍你还没有懂，这时你就需要激发勇气，再一次说："老师，我真的没有听明白，麻烦您再讲一遍。"

这种品质就叫主动，一般这样的人，在生活中会经常被人嘲笑，但是这样的朋友其实是非常优秀的。假以时日，你就会发现他因为主动而产生的闪光点，而且这样的朋友都是非常有责任感的人。

一个人敢于面对自己，才能敢于面对别人，才能在做事情的时候更加主动，才能对朋友更加有帮助。比如，你结交到一个敢于面对自己不足的朋友，当你出现某些不足的时候，他会很勇敢地给你提出，并且帮助你弥补这些不足。而你刚好会因为改掉这些不足而不断进步。

这样具有主动品质的朋友，不仅会主动给你提供一些帮助，还会成为你的榜样，让你在他的影响之下，也成为一个有主动精神的人。

（二）承担

一个人在生活中要懂得关照别人，而不只是想着自己；在各种场合，应主动承担责任，而不是推卸责任。一个有承担精神的人，便是一个有责任感的人。一般而言，在生活中，我们能承担多大的责任，我们就会有多大的成就。如果你交到一个很有承担精神的朋友，他不仅会成为你一生的财富，还会让你变得越来越有承担精神。

| 招一个会招待人的领导 |

朋友曾经跟我说过这样一件非常有意思的事情。他在一家规模很大的企业工作，这家企业在面试高管时，最后一个环节出的题目是留出两个房间，房间里摆满新鲜时蔬，让面试者利用这些食材，想办法招待一桌客人。

面试进行到最后，选拔出了一个厨艺甚佳又能招待大家吃得很开心的人。我第一次听到这个精彩故事的时候，非常惊讶。这个故事给我留下了很多的思考。

这个题目看起来很荒唐，你也许会问："做饭到底跟当高管有什么关系呢？"公司对这件事的解释是：如果一个人不会做饭，就只有一个原因，那就是他从小看到家人为家务操劳的时候，没有任何行动，缺乏责任心，不会体会身边人的辛苦。这样的人，即使当了高管，也未必有心思去照顾他的下属，不会让团队获得很大的安全感。

所以，一个有担当品质的人，在一个企业的发展中是更有未来的。同学们，在你的生活中，在你的班级中，你要处处体现担当的品质，多为同学服务。如果你身边有这样的同学，那么他会是非常值得结交的朋友。他们有担当，有责任感，是个有好品质的人。你同他们结交，会受到他们的感染，变得更有担当。

（三）贡献

人生的价值，在于他能给社会提供多大的贡献，而且往往是你有多优秀，你的贡献就有多大，两者是相互促进的关系。跟朋友相处，也要看我们能在一段关系中能为对方贡献什么，如果你总是想从朋友那里索取，而不是奉献，这样的关系一定不会长久。

| 心系祖国的伟大科学家 |

钱学森是"中国导弹之父"，为国家的导弹事业立下了汗马功劳，是学术和品德兼具的伟大科学家。

早在中华人民共和国成立之初，钱学森就有了回国报效的愿望。但是，在美国人的眼中，他可是一个人抵得上5个师兵力的科学家。于是，美国就想尽办法阻止钱学森回国，甚至捏造理由监禁了他。

直到1955年，钱学森才冲破重重困难，在周恩来总理的帮助下，回到了祖国的怀抱，把自己一生所学献给了祖国的导弹事业，让中国因为有了"两弹"而挺直了腰板，在国际社会站住了脚，他也实现了自身的价值。

一个科学家，能够放弃美国的优厚待遇，冒着生死危险回到当时很贫穷的祖国，参加艰苦的核武器研究工作，可见他是一个多么热爱祖国，多么具有奉献精神的人。

像钱学森这样的科学家，首先是品德高尚的人，他们愿意舍弃在美国的非常优厚的待遇，回到当时非常贫穷的祖国，将自己所学献给祖国的导弹事业。其次，他是个伟大的科学家，有着非常高的学术造诣，这一点得到了外国专家的认可。假如你有钱学森这样人物做朋友，那对你的促进作用将是多么巨大啊！

因此，你在整个奋斗过程中，一定要拿到可以证明自己价值和贡献的结果，让你可以成为被衡量的优质朋友。如果你身边恰好有一个很有贡献精神的人，那么一定要好好珍惜，这样的朋友太珍贵了。

当然，很多人会说同时符合这三点的人太少了。是的，你接触到的大部分人都不完全具备这些品质，因为更优秀的人在更高的地方等待着你。寻找优秀朋友的过程就是个大浪淘沙的过程，从几吨的沙子里面经过一轮一轮的筛选，最后才能留下几克的金子，大概交朋友也是如此。

一个真正的好朋友，就是这样在无形中给你帮助，他们也许不会给你提供大量的金钱或者贵重的礼物，但是一定会用自己的优秀品质感染你，让你也越来越优秀。

期待你成为更好的自己，也能收获这样的朋友！

三、如何选择你的朋友

我们每天都会接触到很多的人，这些人身份不同，各有特点，其中有能帮助我们的，也有可能会给我们带来灾祸的。究竟哪些人值得结交呢？下面给出一些建议，或许会对你的人生有所帮助。

（一）看到好朋友的本质

有些人交朋友的时候，会主动选择朋友，他们对选择朋友有非常理性的认识；有些人交朋友，则完全凭感觉，对选择朋友非常无意识。所谓"交友"，首先是交，"交"中有选择，选择得好，朋友会给自己的人生注入正能量；反之，则有可能给自己带来灾难。

| 鸿鸿的悲剧 |

鸿鸿本来是一所市重点初中的学生，但是中考没有考好，最后去了市里最差的高中。刚来扶鹰课堂的时候，我见到他的状态非常糟糕，无精打采，对什么都缺乏兴趣，别人跟他说话，他也爱答不理，很明显是一个问题少年。

我跟鸿鸿的妈妈谈起了鸿鸿的情况。原来，鸿鸿刚上初中的时候，学习成绩非常好，在市里最好的初中里也能考个班级前 5 名，真是前途无量。但是，初三那年发生的事情，彻底地改变了他的人生轨迹。

就在鸿鸿初三上学期的时候，遇到了小雨。小雨是个长得挺好看的女孩子，在学校里面都算是数一数二的，但是非常爱玩，学习成绩总是最后几名。也不知道鸿鸿是怎么认识这个女孩子的，从此就对小雨一见倾心，完全没有了学习心思。这件事情，到了初三下学期家长才发现，但是那时鸿鸿的学习成绩已经跌入谷底了。

尽管老师和父母都知道了这件事情，但是对于青春期叛逆的孩子，家长和老师也没有办法。在小雨的影响下，鸿鸿渐渐地对学习失去了兴趣，反而爱上了名牌，学会了打扮。穿鞋要穿耐克的，衣服也要穿最时髦的款式，跟以前的那个鸿鸿判若两人。

父母看着鸿鸿的变化，心里非常焦急。父母尝试着沟通，告诉他交朋友要看清人的品质，在学习上要多努力一些。但是，这一切对鸿鸿来说，就像是噪音，完全无用。而且，鸿鸿最后竟然到了跟小雨一起逃课的地步，这让老师和家长非常震惊，父母甚至都想把他狠狠地打一顿。但是，父母知道打一顿也于事无补。

做任何事情都是要付出代价的，交了不好的朋友，做了错的事情，一定会有惨痛的结果来告诉你什么是对与错。中考结束后，鸿鸿拿到分数的那一刻，整个人都呆住了。因为自己中考考得非常惨，最后，父母勉强给他找到了一所高中，还好没有辍学。很明显，一个可造之材，在人生的第一次重要考试中败得一塌糊涂。这个悲剧性的结果，狠狠地教训了鸿鸿。现在，在妈妈的引导下，鸿鸿来到了扶鹰，我们很期待在他身上实现一个巨大的转变。

在生活中，鸿鸿这样的例子时常发生。因为年轻的我们，往往看不清楚朋友的品质，常常只关注一时的痛快或者表面的东西，不会做长久的考虑。鸿鸿觉得跟小雨一块玩耍，非常惬意，殊不知悲惨的结局向自己一步步走来。中考分数揭晓的那一刻，也正是他和小雨美好关系的泡沫破碎之时。

我们必须学会用正确的标准来衡量自己的朋友，比如是不是爱学习。这虽然不是唯一标准，却是重要参考。因为处在我们这个年龄阶段，学习是主业，如果不喜爱自己的主业，那么可以想见这个人的品质不会太优秀，也不是适合成为朋友的人。

我们也要学会用长久眼光去考量自己的朋友。因为交朋友有时很像种庄稼，在种下去的那一刻，并不知道之后会长成什么样子。如果我们种的是韭菜，可能很快就长出来了；但是如果种的是桃树，那可能三年后才会开花结果。虽然桃树出成果很慢，但不能因此就说桃树没有价值。

我们交朋友，有时会交到韭菜类型的人，也会交到桃树类型的人。如果仅仅只根据表面判断，认为桃树型不优秀而韭菜型更优秀，就很容易做出错误的选择。这就给我们在交友方面提出了一个问题，该如何找到一位好朋友？

我用"剥洋葱"这个模型，来描绘我们如何看待一个朋友。当我们在看一个人的时候，很像在"剥洋葱"，一层一层剥开表面，最终发现这个人的本质。从外表看，我们会看到这个人的相貌、学历、经验等，其中某些方面代表了他的能力；再往深层剥去，我们会注意到他的品质，以及思想意识等方面的内涵。

因此，在选择朋友的时候，要看到一个人最本质的东西，从而决定是否要与对方交往。如果仅仅停留在交友之初的暂时欢乐之中，我们很容易交到"酒肉朋友"。这样的朋友潜移默化中就会将你带入歧途。所谓"入鲍鱼之肆，久闻而不知其臭"，说的就是那些终将让我们变得不知臭味的朋友。这一点，也许鸿鸿的体会最为深刻。

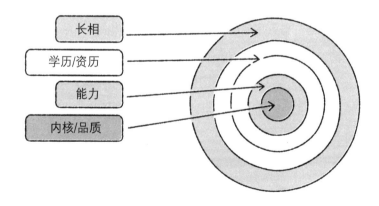

"剥洋葱"模型

（二）借鉴长辈的经验

在交友过程中，父母总是会提出各种各样的意见。我们经常会听到很多长辈说："我吃的盐比你吃的米都多，我走的桥比你走的路都长。"尽管我们非常不服气，但是父母毕竟是过来人，说的话还是有一定道理的。

时间的沉淀对一个人能力和水平的提升非常重要，我们应学会借鉴父母用很多年的时间所走过的正确或者是错误道路的经验，在吸取经验的基础上独立思考，使自己少走很多弯路。可以看这样一个例子：

┃ 糖果更值得拥有吗 ┃

有一个不到 3 岁的小孩，语言表达还不是很清楚。他家有件非常名贵的花瓶，是个古董。这个花瓶的口很小，大概只有小孩的手能伸进去的大小。

有一天，小孩把手放进花瓶，并且把拳头握得紧紧的，死活都不肯把手从花瓶里拿出来。全家都很着急，问他为什么他也不说。

最后，这家人费了半天的劲，迫不得已，只好把花瓶敲碎了。当他们拿出孩子的手时才发现，孩子手心里只是攥了一块巧克力糖。而这个家庭就为了孩子手上那块巧克力糖，砸碎了古董花瓶。

但对小孩子来说，古董是不值钱的，糖果更值得拥有。

在我们的人生中，有些人会犯类似这个孩子所犯的错误，只盯着眼前的巧克力糖，却看不到古董的价值。很多复杂的事情反映的道理，就像这个简单的故事一样，我们往往看不清楚被复杂表面现象掩盖的事实，不知道哪一个朋友更值得交往。父母人生经验丰富，懂得在糖和古董之间，应该选择哪一个。鸿鸿的爸妈其实心里非常清楚，谁是糖，谁是古董。但是，被迷惑住的鸿鸿，却无法分辨它们的价值，只好等着用悲剧的结果来验证这一切，令人叹息。

因此，在成长过程中，我们需要借鉴父母的人生经验。因为他们走过的那段人生，和我们即将到来的人生有很多相似之处，他们是站在一个更高的地方看问题，也往往看得更清晰。他们的人生经验和智慧，能让我们少走很多人生的弯路。

| 拦住你的朋友 |

你的好朋友开着车迎面赶来，你刚好已经走过这条路，并且知道他的前方正在修路，有一个很大的坑，如果他开过去，车子有可能会掉下去，他也许会有生命危险。

于是，你拦住你的朋友说："前面不能开过去！"但朋友不知道前面的情况，他说："怎么可能，我昨天才刚刚走过。"然后，他准备不顾一切地往前开。

这时候你会做什么？你一定会想办法不顾他的反对，拼命把他的车拦住。尽管你的朋友不能理解，但是你心中明白自己是为他好的。

你的父母就如同这个场景里的你一样。如果你打游戏执迷不悟，放纵你的人生，父母便会拼命反对你。虽然你不能理解，但是他们依然会阻止你。这是因为他们知道前方有什么，比你看得更加清楚。因此，我们真的要学会借鉴父母的眼光和智慧。

如果你自己选择结交的朋友，父母只看到了表象，你需要把实际情况跟父母说清楚，因为他们可能是担忧你才阻止你，相信经过你们的沟通，他们也能够理解和支持你。

第三节　如何成为班里受欢迎的人

现在，我们年纪还小，还没有走进社会，接触最多的环境是我们的学校，我们的小班级。其实，一个小小的班级，就像一个小型的社会。我们要想在这个小型社会里过得好，就要学会在这个环境里跟别人相处，这样我们将来走进社会才能过得更好。

一、为什么要成为受欢迎的人

作为社会性动物，我们都有渴望受人欢迎的本能。受到别人欢迎，或者受到别人夸赞，我们自然会很开心，而且在生活中，这种感受还挺重要。就像我们听到同学被夸奖，而自己却没有被夸奖时，心情也会低落一样。可能大多数人表面上会对此表现得很淡然，内心的沮丧却是掩盖不住的。

常有这样的情况，在班级里，你不经意间夸了某个同学，这话不经意间传到这个同学的耳朵里，你会突然发现，不知从什么时候开始，你和被你夸赞的同学的关系变得亲近许多。很显然，这个同学知道自己受你欢迎，内心充满欢喜，便乐意跟你接近。

我们在班级里受人欢迎，心情愉悦，很放松，才能更有心思去学习，相信大家对此都能够理解。没有人对自己的受欢迎程度不在意，也没有哪个同学会觉得，自己的人际关系已经好到不再需要维持与巩固了。每个同学在学校里都希望被更多人理解和尊重，拥有更广阔的人际关系。

或许有同学觉得，受人欢迎，不就是要拍人马屁嘛！有这种想法的同学可能对受欢迎存在一定的误解。

| 你会选择什么样的人 |

如果有一天，你在单位当了领导，有两个人供你选择任用。在决策正确的前提下，一个天天跟你对着干，什么事都跟你反着来，给你添了不少麻烦。但是，另一个人却懂得尊重你、配合你，把决策很好地执行下去。

如果公司提拔管理人员的话，你会先提拔谁？我想一般都会提拔那个愿意尊重和配合我们的人。

所以，受人欢迎和拍马屁并非一回事，而做一个受欢迎的人，往往能让我们收获更多的成功，这一点在社会上非常受用。

| 人际关系是个瓶颈 |

人际关系已经变成了中国学生在事业发展上一个非常大的瓶颈。有人甚至说过去的 30 多年，高考状元竟然没有一个成为优秀人才的。

当然，这么说有些夸张，也有炒作的成分，或许有些读书不好的孩子，经常拿这句话来为自己辩解。但这句话背后有一定的原因，有些高考状元虽然个人学习能力很强，却不善于交际，事业发展总是会因此而被"卡脖子"。

在我们的教育体制下，这些学霸成绩非常好，他们都是考试高手，但是其中有的人人际交往能力非常差。在学校的时候，这个缺陷对他们的影响还不算大，而走进社会后问题就凸显出来。这就限制了他们的发展。

在工作和生活中，人与人之间的配合和沟通非常重要。有些成绩差的同学，因为在成绩链的底层，于是经常抱团取暖、互相关心与鼓励，反倒形成了非常好的人际关系。但可惜的是，有些学习能力很差的孩子不爱学习，所以到了社会上想有很大的发展也非常艰难。

做一个受欢迎的人，我们的人际关系才能更和谐，往往能让学习成绩或者个人事业更加发达。而且越是受欢迎的人，其事业发展往往越持久。

二、一个受欢迎的人是什么样的

当我们看到一位将近百岁的老红军的时候，心里一定会肃然起敬，因为他们在战争年代的英雄事迹，总能点燃我们内心的热情，我们自然而然地觉得他们很崇高。在生活中，也会遇到一些看起来很平凡的人，他们待人宽厚，对人友善，看着就让人感觉很温暖，很容易让我们追随。那为什么会这样呢？

我认为，人际关系大概有三个不同的等级，可以作为简单的认识标准，你也可以把自己的人际关系放进去对比一下，看看自己的人际关系是怎么样的。

首先，在和同学的相处中，最起码要在人际关系中满足基本要求，做到让同学欢迎你，这样你才能比较安心地从事自己的学习活动。如果大家都不欢迎你，你的心情会受到很大的阻碍，也就没有什么心思去学习了。

其次，上升到比较不错这一层面，是让同学尊敬你。也许你并没有特别的技能，大家尊敬你的原因，是你在学习生活中表现出很多品德上的优点，让大家觉得跟你相处很安心，很愉快。这样时间久了，大家都比较信任你，愿意跟你做朋友，愿意把一些重要的事情交给你去做，你也就成了一个有价值感的人。

最后，人际关系的最高境界，是让同学追随。能够让很多同学愿意去追随的人，一定是受欢迎的人，也一定是被尊敬的人。他在做任何事情的时候，都可以找到支持者来鼓励他、帮助他，会使事情推进得更顺利一些。这些同学，就像是天生的领导者，有种与生俱来的领导品质，既有"一技之长"，比如会打篮球、学习好，又非常有智慧，能把一个小团队带领起来。

三、如何成为一个受欢迎的人

如果知道一个受欢迎的人是什么样子的，那么我们就知道如何做一个受欢迎的人。但是，受欢迎的人具有什么特征，你真的需要认真思考一下。

| 想辞掉学习委员的女孩 |

旭旭是一名初二的学生，在最初学习扶鹰学霸课程的时候，对学习和人际关系这两方面非常苦恼。她同我交谈过这两个问题。

她是初二上学期竞选的班级学习委员，刚开始她觉得自己学习成绩不错，当个学习委员，一方面可以帮助其他同学提高成绩；另一方面可以帮助自己提高社交能力，她觉得很有意义。而同学们也觉得旭旭学习成绩很好，做学习委员一定很称职。

但是，接下来发生的一切，让她原本非常美好的期待变成了一种困扰。每次收作业的时候，有些调皮的男生故意不交作业，还刁难她。旭旭觉得作为学习委员，自己有责任管理这些事情，就经常去同他们交涉。可是，这些调皮的男生，就是不配合她，还和她对着干，总是想尽办法拖延。

而且，在催作业的时候，旭旭似乎也不太会跟这些调皮的学生交谈，每次都是拿老师威慑他们。刚开始，这一招还挺好用。时间久了，这些男生似乎弄清了旭旭的套路，对老师的名号也不买账了。旭旭没辙了。有时候，她会因为作业的事情，跟这些男生大吵起来。因此，有些人在背后说旭旭的闲话，旭旭也感到了前所未有的艰难。

两个学期的学习委员当下来，旭旭不仅自己觉得非常累，没有帮助到同学，连自己的学习成绩也都跟着下来了，从年级前5名变成了中等水平。明年就要上初三了，这可是非常关键的一年啊！如果再这样下去，她很担心自己的学习成绩会被耽误，甚至考不上好高中。于是，她想辞掉学习委员，专注提高自己的学习成绩。有好几次，她都走到老师办公室门口了，却没有敲门。她一直都在犹豫中。

这件事情，她也不敢跟父母说，只是一个人憋在心里。后来，妈妈带她听了我们的学霸课程，旭旭终于有勇气把这件事情跟我说了出来。我和旭旭一起分析问题的症结所在。我跟她讲，那几个男生确实比较调皮，可是自己在处理问题的时候，有没有问题呢？她回想了一下，慢慢地说："可能，是有吧！"我就跟她说："其实，这就是个如何接纳别人的问题。如果我们以为辞掉学习委员，一切问题就可以解决了，那就没有看到这个问题的实质。你想，如果将来你走向工作岗位，当了领导，难到因为手下有几个员工不好好干活，就要辞掉工作吗？"

我说："其实可以换位思考一下，先接纳这几位男生，然后去思考如何解决这个问题。比如不拿老师的威望去压那些调皮的男生，而是通过更加委婉或者更友好的方式跟他们沟通，弄清楚他们拖拉作业的原因。或许我们可以跟他们达成一致，最后圆满解决问题。"旭旭恍然大悟，似乎明白了一切。

于是，她就换了另一种说话的方式，跟那几个男生沟通。果然，这一招很有效，事情变得好转起来，那几个男生变得很"乖"了。她也因此赢得了这几个男生的信任，得到了大家的赞赏。

上述案例告诉我们，想做一个受欢迎的人，有良好的愿望是前提，同时也要有正确表达良好愿望的方法。在更多的时候，要换位思考一下，什么样的表达方式才能使自己被更多人接受，进而赢得别人的心。

（一）受同学欢迎

要成为一个受欢迎的人，我们必须学会关注别人，尊重别人，对别人多

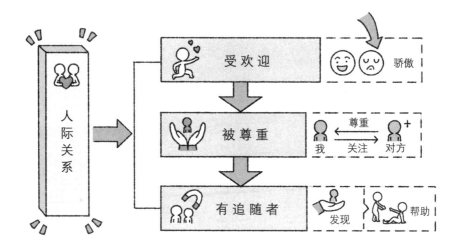

受欢迎的人际关系的三个等级

一些宽容和理解。关注别人，不是说仅仅给别人提供帮助那么简单，它要求我们能够根据具体情况采取不同的应对方法，对对方表示重视。请试试以下四个动作。

1. 点一点

当别人讲话的时候，我们要经常性地点点头，表示赞同和认可，这会让对方觉得自己说得很好，那么他就会很有兴致跟你相处，这样你们的关系也就会很快升温。我们的日常相处，往往没有严格的是与非，出现的也都不是太重要的问题，而你对对方的态度却会让对方深刻地感受到，这会在无形中影响你们之间的关系。

当然，如果同学讲的观点，你不是很认同，也要对他表示尊重。有不同的意见和想法，我们可以委婉地提一下，我相信同学们会有自己的判断力。当我们听老师上课时，我们也需要给老师适当地点头呼应，以鼓励老师讲课更加有激情。这是非常实用的人际交往小技巧，作用不可小觑。你运用得好，就能给自己节省很多的交际成本，让自己的人际关系迈向一个新台阶。

2. 笑一笑

你有没有这样的感觉，当我们因为什么事情而心情沮丧的时候，往往朋友对我们很友好地笑一下，比说很多安慰的话效果更好，我们的心情一下就好了许多。你看，拍摄广告，都对代言人的笑容要求得很严格，广告代言人往往在微笑方面要拍摄很多次，才能过关。

这些都说明，微笑的力量非常强大，当我们在与别人进行交流时，保持微笑的状态，让别人感受到他被你欣赏和肯定，非常重要。微笑还能创造一个很友好的交际环境。微笑是一种很温暖的力量，如果你想和某人改善关系，不妨从微笑开始，让一个简单的微笑打开你们彼此沟通的大门，从而增进彼此的信任。

3. 竖一竖

竖一竖就是把大拇指竖起来，向别人致以赞扬。当我们对别人竖大拇指的时候，实际上就是对别人给予肯定。在生活中，当别人做出不错的成绩或表现的时候，我们就要习惯性地把大拇指竖一竖，对其表示认可，对方便会找到一种认同感和归属感，从而与我们拉近距离。

这种肢体语言就像是一个符号，会印刻在别人的心中。别人因此从你那里获得的不仅是认同，还有鼓励和友善等感觉。就像你爸爸看到邻居家孩子考了100 分，对那个孩子竖了竖大拇指，赞扬了那个孩子，殊不知你邻居的心里会有多高兴呢！

4. 夸一夸

夸一夸就是用恰当的语言，把同学身上的优点说出来，表示赞赏。比如，当同学做出了助人为乐的事情，你就可以告诉他: 昨天班里同学需要帮助，你伸出了援助之手，我要向你学习。虽然你只是说了一个事实，但是你的同学却能感受到你的鼓励。

夸一夸，是语言的力量，因为人们都本能地喜欢听美好的语言。很多时候，赞美不仅会让对方心情愉悦，而且还会让对方保持谦虚的心态对待你，也能促使对方在某些方面争取做得更好。即使对方某些事情做得不够完善，我们夸一夸也是一种鼓励，能给人以力量。

这四个动作，从本质上来说，都是在表达对别人的尊重和重视，没有人会不喜欢一个尊重和重视自己的人。

（二）让同学尊敬

我们重视、尊重别人，会迎来别人的好感，但是要让别人尊敬我们，还要求我们自己做的事情能引起别人的重视和尊敬。这就是常说的以身作则。以身作则的内涵是，要别人做到的，自己首先要做到做好，然后别人才会尊重你。如果你想当好班长，你就要以身作则，这样同学才尊重你、佩服你、拥护你，你才能站得更稳。

| 能代表你的，是你做的事情 |

记得在高中的时候，有个同学自尊心非常强，但是学习成绩非常一般。一次，在跟同学讨论一个数学难题的时候，他想了一个非常好的解法，但是周围的人都不相信是他想出来的，都觉得他学习成绩一般，不可能解出来这么难的题目。这让他的内心受到了沉重的打击。

于是，他暗下决心，一定要把自己的学习成绩提高，用实力向同学们证明自己。从那以后，他非常刻苦地学习。当期末考试结果出来，大家看到分数排行榜上第一个名字是他的时候，都大为惊叹。那一刻，他感觉自己受到了莫大的尊重，之前因为同学不相信自己能解出那道数学难题的郁闷心情，也像乌云一样散去。

那一刻起，他明白了一个道理，只有你做到了非常优秀，你才能获得别人的尊重。如果你只是很尊重别人，也许别人能够接纳你，但是别人不会非常尊重你。在这个世界上，能够代表你的，一定是你自己做的事情。你把事情做到了什么程度，就说明你是个什么样的人。

我们身边有一些人做事半途而废，并且找出一大堆理由推脱，这样的人不会赢得尊重。若能说到做到，坚持到底，面对事情以身作则，一定会令别人刮目相看，也会让自己赢得同学的尊重。

（三）被同学追随

要让同学追随，就是不光要让自己变得优秀，还要去帮助别人，让别人感觉到跟你交往对他们来说，非常有益。而且你被同学追随，对自己也是极大的鼓励，会让你信心增强，获得更大的成功。

| 爱帮助同学的女生 |

我以前接触过一个学生，是我浙江大学的校友，当时她来我这边做兼职，她的口才和组织能力在我们这里得到了锻炼。她曾经跟我讲过她的故事，使我受到触动。

她说，初中的时候，她在班里成绩非常不错。但是，当时班里成绩好的同学比较骄傲，看不上成绩不好的同学。而她不一样，她在业余时间耐心地帮助班级里的差生补课，对同学提出的问题，她都尽可能地回答。所以，她不光成绩非常好，人际关系也十分和谐。

她从浙江大学毕业后，被英特尔公司录用，不到 3 年时间，便晋升为公司的主管。可以说，她的成功除了自身成绩优秀外，与人际关系良好也密不可分。她从学生时代就乐于助人，乐于为别人服务，自然也能得到大家的支持，那么她自己的人生之路也就走得越来越好。

很多优秀的企业主，都会去听很多的讲座和课程，他们喜欢跟非常优秀的人交谈，从而培养自己的领导力，希望更好地领导自己的企业，让自己在商场上立于不败之地，从而赢得更大的成功。

一个人在读书的时候，做事有人支持，到了社会上，大概也是如此，做什么事都有坚定的拥护者，这是非常好的社交能力的体现，非常值得持续拥有。良好的社交能力应用在实际工作中，会形成领导力。

第四节　婉拒朋友不伤感情

每个学生都是一株树苗，在成长的道路上，都拼命汲取养分向上生长。但是，能够汲取的东西太多，对我们的成长来说，有的是营养，有的却是毒素。我们在汲取营养的同时，还需要学会拒绝是毒素的那一部分。

相信很多同学都面临过这样的困惑，当我们准备学习或是做一些自己的事情时，朋友会提出一起去打游戏、打球、过生日、聚餐等要求。这些邀请会打乱我们原本的计划。我们想拒绝，又害怕伤了对方的好意。于是，就硬着头皮答应下来。结果不仅浪费了自己的时间，也玩得不开心。

遇到这种情况该怎么办？如何婉拒不伤感情？看来，我们还需要具备一种能力。

一、为什么要拒绝别人

很多时候，我们模糊地感觉到，不能随波逐流，不能朋友让去喝酒就去喝酒，让去打游戏就跟着去打游戏。但是，我们往往对这些事情的判断又很不明确，不知道该不该拒绝，以及如何拒绝。

（一）为了实现目标，需要放下一些事情

我们这一生，要把一件事情做好，就已经不容易了，毕竟人的时间和精力都非常有限。尤其当今社会，人与人之间、企业与企业之间的竞争太激烈，一个人或者一家企业要想脱颖而出，十分不容易。因此，在实现目标的路上，一定要学会取舍，对那些与目标无关的事情，要学会拒绝。

只有拒绝了这些事情，我们才能将更多的时间和精力放在核心事务上，才能做得更加优秀。我的创业经历告诉我，只有专注于核心事务，而不是把时间放在无关小事上，才有可能取得成功。对于处在学习阶段的学生，更是如此，现在学业竞争十分激烈，谁都没有那么多的时间去浪费。如果你不会拒绝别人，今天跟他去喝酒，明天跟他去唱歌，后天跟他去逛街，放在学习上的时间就会越来越少，最后，考试成绩一定会给你当头一棒。

| 拒绝不重要的事情 |

我刚开始创办扶鹰的时候，非常缺乏经验，特别希望外部的讲师给我指导，于是四处寻找，但是都遭到拒绝。那一刹那，我明白首先要做的是实现自我成长，单纯请求别人帮助并非能得到想要的结果。

于是，我花了很多钱去北京学演讲技巧，还购买了几百本关于家庭教育的书籍，进行系统的学习和提升，这让我在家庭教育这个行业中迅速扎根。那个阶段，我带领团队全神贯注，从以前寻求外部帮助，到静下心来开始自我提升和成长。

我们对课程有严格的要求，一段只有 5 分钟的音频，有时也需要花半天的时间进行打磨。记得有一次，我印象非常深刻，那天共录了6段5分钟的音频，从早上7点钟一直录到晚上9点，非常辛苦。当最后一节录完的时候，我整个大脑一片糨糊，感觉眼睛都快花了。但正是因为对课程精益求精，才让我们在上线短短半年时间，达到了几千万的点击量，实现了快速传播的目标。

在这几年时间里，我们拒绝了所有外部的采访，也拒绝了各种关系上的应酬，全身心投入课程和产品的打磨中。我们知道，只有拒绝外部不重要的事情，才能让自己得到更快更好的成长。今天很多人羡慕说：哇，你们发展这么快，挺有成就感吧。其实我们背后的付出，也是超乎想象的。

在激烈的市场竞争中，一家企业要想生存、发展下去，就需要有所为，有所不为。有所为的是公司成长的关键性事务，有所不为的是那些与公司的成长关系不大的事情。一个人的成长也是如此。

作为学生，我们需要有所为的，是学习；有所不为的，则是各种不良诱惑，像到处乱逛、喝酒、打游戏，等等。作为学生，学习是我们最大的目标，当我们放下更多的娱乐和不必要的交往，往往就意味着拥有更多的时间投入学习，我们才能不将自己最重要的目标给弄丢。

（二）拒绝等于更好地成长

人生可以分成很多的阶段，在每个人生阶段，都有特定的任务。这些任务完成得如何，很大程度上决定我们一生的生活质量。只要我们在每个阶段，都能很好地完成每个阶段的任务，那么我们的人生就是成功的。

| 我们的人生阶段 |

一般而言，人生大致会经历以下阶段：

0~20岁，属于学习累积、给人生打基础的阶段，努力学习，考取理想的学校，提升自己是我们的阶段性任务。

20~30岁，是我们在社会上成长的阶段，通过实践，锻炼自己、提升自己、弥补自己的短板，将学到的知识与实践相结合。

30~40岁，属于事业成熟或者是事业上比较有成就的阶段，需要更进一步拓展，有可能会取得很伟大的成就。

40~60岁，自己的事业逐步变得稳健的阶段。

60岁以后，人生一般到了开始走下坡路的阶段，这个时代不再是属于我们的时代了。

然而，每个人完成人生任务的形式又是不同的。像国家级运动员，为了国家荣誉而战，他们承受的责任更重，训练强度更大。人们说："欲戴王冠，必承其重。"因此，他们一般都是与外界隔离进行训练的。

这就意味着，他们为了赢得冠军，几乎放弃了自己所有的私人生活、各种关系应酬。比如，平时和朋友一起喝酒、逛街、打游戏，几乎是没有的。拒绝那些没有价值的东西，对他们来说，就是最好的成长。

我们要在每个阶段完成每个阶段的任务，从时间的角度来讲其实非常紧张。作为普通人，大家智力相当，一旦你因为什么诱惑停下来，将很难再追赶上去。对学生来说，在20岁以前，是成长最为关键的时期。学会拒绝不利于成长的因素，其实就是在健康成长，就是为我们的成长之路铺上一块最重要的砖。

当我们犹豫一件事该不该拒绝别人的时候，"时间"是个非常重要的维度。你可以试着反问自己：这件事如果再过5年回过来看，还如此重要吗？你很可能会意识到，再过5年的话，今天你跟谁吃了一顿饭，陪谁过了一场生日，应该早已经不记得了，一点都不重要。

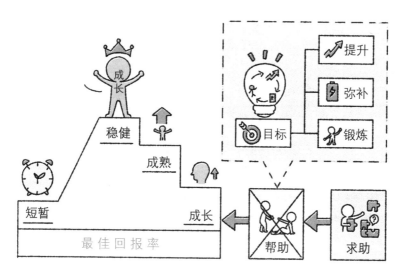

拒绝等于成长

但是，如果你用这些时间来提升自己，那么 5 年后，你也许会成为一个非常有成就的人。因为这 5 年中，你的每一次拒绝，都给自己的人生增加了分量。

二、拒绝别人为什么这么难

尽管我们知道，为了自身更好成长，我们需要拒绝别人，从而为更重要的事情腾出时间。但是，很多同学在拒绝别人这件事情上，都是难以抉择的，这是为什么呢？

（一）从众心理

很多人受从众心理的影响，不愿意去拒绝别人，尤其是关系非常亲密的朋友。如果有人在马路边 45° 角仰望天空，不出半个小时，就会有一大群人围在马路边，跟着仰望天空，但其实大家并不知道为什么看。这种从众效应，让我们很容易迷失自己，从而丧失自己的主动性。

这就好比很多同学经常把事情的决定权交给别人一样。每当别人问你：这事儿你要不要去啊，你会说随便；当你被问到今天吃什么呀，你也会说随便。当你不停地说"随便"的时候，别人就帮你做主了，长此以往，最后别人点菜可能已经不需要经过你同意了。这时，你可能还非常生气，觉得对方为什么不问我的意见？这是因为，你在大多数情况下表现出从众心理，喜欢随大流。从众心理，让我们形成了被动接受的心理，变得越来越不会拒绝别人了。

（二）担心别人在背后说我们

我们拒绝别人，往往最担心的是，别人在背后说我们不近人情，因此承受心理负担。这是很多人不愿意拒绝别人的原因。但是，我们不拒绝别人，对别人也许是近乎人情的，但是对我们自己来说，却有点"不近人情"。因为这些需要拒绝的事情，往往都是对自己的成长不利的事情。

比如，有人拉你去通宵打游戏，如果你去了，可能第二天你听课的状态就会很差，而且还会影响你的身体生长发育。对朋友来说，他的欲望得到了满足；对你来说，却要让自己承受很严重的后果，真是得不偿失。况且，有很多需要拒绝的事情，对你和你的朋友的成长都是不利的，如果你只是担心你的朋友因为你的拒绝而伤心，就不敢拒绝，也不敢提醒，那么你也没有尽到朋友的职责。

| 特别害怕拒绝朋友的孩子 |

在扶鹰的学员中，我见到过特别不愿意拒绝别人的孩子。记得有个叫小溪的初二男生，就是耳根子特别软。

在扶鹰的活动课里，他的妈妈跟我分享了小溪的故事。她说小溪学习成绩在班级里比较靠后，平时虽然没有什么坏毛病，但就是做事特别被动，不管是学习还是为人处世。她还说，小溪平常耳根子特别软，比如有同学约他去打篮球，他就会去，不管自己的作业有没有做完。同学约他去逛街，他也不拒绝，尽管老师给布置了一大堆作业。

有一次，一个同学心情不好，就约了三五个同学去上网，本来小溪要跟着爸爸去爬山的，这是个很好的拒绝理由啊，但是他没有拒绝朋友的邀请，却跟爸爸说同学心情不好，要陪陪朋友。后来，爸妈才知道，他们几个人竟然去通宵上网玩游戏了。

这件事情让他爸妈非常不开心，我就问他为什么不拒绝朋友。他说，都是好朋友，朋友心情不好，怎么好意思不去陪他？可是，就是因为去陪朋友，原本和父母一起去爬山的好计划，以及写作业的任务都泡汤了。

小溪似乎并不能理解爸妈的教导。小溪更加在意别人的说法和想法，这一点让爸妈很无奈。就是因为害怕别人说自己不合群，小溪就把太多的时间都花在了这些无意义的社交活动上。

因为妈妈带着他参加扶鹰课程，有些本来玩得很好的同学在背后说闲话："大好的假期不让玩，上什么学霸班，成了学霸是不是就跟我们这些学渣划清界限了。"这明显地是在嘲讽小溪，小溪听到朋友说这些话，心情非常郁闷。小溪把这件事情告诉了妈妈，妈妈知道后就拿这个问题请教了我。

我跟小溪说："你想过没有，你的朋友为什么要讽刺你？那是因为他们希望你和他们一样只知道玩耍，变成和他们一样的人。但是，这样会让你把大量的时间浪费在那些没有价值的事情上，而耽误了自己的学习。而你上学霸课，是不是在感悟为人处世的道理，学习如何提高自己的学习成绩？你将来是不是会因此而变得成绩非常好，最后考上一个好大学？而你所谓的朋友却在阻止你进步。你这样一对比，不就明白了吗？"

小溪似乎听明白了我的话，默默地点头。后来，他学会了委婉地拒绝朋友的邀请，对于有些朋友不好的言行也学会了"装聋作哑"，渐渐地迷上了学习，最后考上了自己满意的大学。

我们在生活中，一定要学会分辨自己的朋友，如果那些朋友展现的是优秀的品质，你就要学会汲取其中的营养；如果你的朋友是在把你带进深渊，你就要学会远离他们，对他们的不良言行，学会默默抵制，让自己专注于对自己来说最有价值的事情。

当你决定要让自己变得优秀的时候，就要学会对那些劝你放弃的人说不，学会拒绝做有可能影响自己变得优秀的事情，学会忍受朝着目标奋进途中的孤独。翻开历史，我们会发现，凡是想有一番作为的人，都会经历不被人理解的阶段，都曾有过无人陪伴的孤独。这几乎是无法避免的。所以，请记住，当你真正成了生活中少数的奋斗者，你也就成了为数不多的优秀的人了。

三、如何得体地拒绝别人

相信读了前文，你已经知道为什么要拒绝别人。但是如何得体地拒绝，而不伤害别人的感情，需要我们做好以下几个方面：

（一）"洁身自好"

或许你应该反思一下，当朋友约你去逛街买衣服，你因为拒绝而痛苦的时候，是不是你曾经逛街的时候也拉了一帮人陪你去；当同学叫你打游戏时，是不是你曾经打游戏的时候，也拉过人。所以，一个人只有"洁身自好"，更好地约束自己，才能避免很多人约你去做同样的事情，使自己免于处在非常尴尬的地步。

如果自己对做什么事情都很有兴趣，相信别人跟你一说，你可能就经不起劝说跟着去做了。所以，平时要锻炼自己抗拒诱惑的能力。比如，对一个不习惯打游戏的人来说，恐怕你的朋友怎么劝说，你都不会去，因为你根本不喜欢打游戏。要是你的朋友也清楚你不喜欢打游戏，他们自然也不会叫你去了。

打铁还需自身硬，只有自己"洁身自好"，才能从根本上杜绝诱惑。

（二）真诚地解释

当我们拒绝同学的时候，同学无法接受的往往不是你的行为，而是你的态度。如果你实在有自己的困难或者有其他安排，你要学会真诚地表达歉意。

比如，你周六要去上一个培训班，但是你的朋友却邀请你去爬山。你知道朋友邀约你也是出于善意。所以，你就要跟他讲清楚，你在周六要去培训班，这个学习对你的将来是多么重要。同时，你要表达出歉意，并且安慰他下次有机会我们再一起去爬山。这样对方就会乐于接受你的拒绝。

请记住，往往人的情绪比事情本身更重要，尤其是你在拒绝别人的时候，真诚地解释，对别人来说都是最好的安慰。

| 杉杉是如何破局的 |

杉杉是一名高二女生，长得漂亮，性格活泼，爱交朋友，但是学习成绩不好。记得刚来扶鹰线下课程的时候，她妈妈就跟我说："我女儿很聪明，就是太贪玩了，交了很多爱玩的朋友。现在高二下学期，很快要高考了，她的成绩不怎么好，我很担心。"

听了杉杉母亲的描述，我对杉杉有了一个大概印象，同时也为她拟订了一个引导方案。后来经过几次课堂内外的接触，我观察到，杉杉确实很聪明，但正是因为太聪明，又显得有些骄傲，并且家境还不错，对学习成绩就没有什么要求。

经过跟杉杉母亲的几次交谈，我意识到杉杉的问题其实出在交朋友这里。她是个爱逛街、爱玩的女孩子，身边的朋友也都如杉杉一样爱玩。平时只顾得跟朋友玩，哪还有心思去学习？所以，要想让杉杉学习有所好转，就必须让她正确处理与朋友之间的关系。该如何引导她呢？这是一个难题。

首先要让她转变思想，然后才能教会她正确处理跟朋友之间的关系。于是，我运用我们 520 学霸课的规则来帮她寻找学习动力，梳理人生目标。这一切工作完成之后，杉杉意识到学习非常重要，并且要改变之前的人际关系模式。摆在她面前的最大问题是，如何拒绝朋友的要求，而不会得罪她们。

我告诉她，如果你想拒绝别人并且不得罪别人，首先你要"洁身自好"，就是说你自己以后要少逛街，少去玩，这样人家玩的时候才不会想起你。其次，你要学会找一些合适的理由来拒绝你的朋友，并且真诚地表达你的歉意。这样，你才能不得罪朋友，并且安心地去搞好自己的学习。但是，她问我，该如何真诚地道歉呢？

我说，假如你是你自己的朋友，你觉得你听到什么样的话算是真诚的，你就怎么跟你的朋友去说。她很聪明，一下子就明白了。后来，每每朋友找她玩，她都会给出很多巧妙的理由拒绝，并且还会真诚地道歉。她偶尔也会送给朋友一些小礼物来增进友谊，让朋友感觉没有受到冷遇，自己跟朋友的关系也没有因为拒绝她们而恶化。就这样，杉杉终于给自己的学习攒下了足够的时间，最后高考也考得非常满意。

所以，同样是面对一件不好的事情，就要看你怎么去思考它、怎么去处理它，一旦你的想法和做法都是合理的，那么结果也一定是好的。在学业的马拉松长跑中，就看谁更有办法，谁更能坚持。

面对朋友的邀约，我们不是说简单地拒绝或者跟他们走，而是要根据情况，选择更适合自己的方法，把不利的局面控制成有利的局面。这才是真正的交际高手！

在生活中，面对别人的不理解，我们要做出真诚的沟通，这样才不会让事情变得太复杂，最后超过我们的掌控范围。真诚并不代表一定要实话实说，甚至于有时候，可能还需要一些善意的谎言。当你听完我们的课，你也知道了打游戏对你的发展不利，当同学又叫你打游戏时，你跟他说"打游戏是不好的，说明你不自律"等，他会很反感，甚至会和你对抗。但如果你换个方式说："最近我妈管得我很严，我不能再打游戏了，我要好好学习。"这样可能会让对方感觉舒服很多，朋友也就不会再跟你纠缠下去了。

（三）善意的谎言

在有些情况下，我们不能实话实说，因为它会带来祸患，轻则可能是伤害友谊，重则可能给我们带来灾难。再说很多时候，我们没有必要把自己的情况如实地告诉别人，这样会让我们很被动。

所以，善意的谎言在生活中是一个很有效的处理人际关系的手段，利用它可以处理很多比较棘手的问题。有的同学可能会说，"善意的谎言"，这不是骗人吗？其实，是不是骗人是要看你的起心和动念的。

| 实话实说的孩子 |

有一个孩子，某天放学回家看到妈妈和爷爷都不在家，后来一问才知道爷爷住医院了。

他冲到医院，看到妈妈在和医生谈话，他听到医生说："你家的老人得了癌症，已经接近晚期。所以你回去好好照顾他，该吃点啥吃点啥，该喝点啥喝点啥。"

他想都没想，立刻冲到病房跟爷爷说："爷爷，医生说您得癌症了，您该吃点啥吃点啥，该喝点啥喝点啥吧。"

爷爷听完，一下就绝望了。

可以想一想，这个孩子犯的错误是什么？尽管他讲的是实话，却让爷爷看不到未来的希望，让爷爷激动，会让病情更加严重，很可能爷爷就放弃治疗了。如果这个孩子当时跑过去说："爷爷，只是小毛病，一切都很健康，请安心！"这到底是在害爷爷，还是在帮爷爷呢？想必在你的心里已经有了答案。这其实是一个善意的谎言，它与恶意谎言的区别就在于，善意谎言是为了帮助别人，恶意谎言是为了从对方谋取私利。

当我们用善意的谎言去拒绝别人的时候，既不会伤害到别人，也达到了拒绝的目的，这不是两全其美的办法吗？

第五节　如何正确对待爱情

青春期这个阶段，生理结构会发生急剧变化。身体内的荷尔蒙激素驱使我们对异性产生兴趣和好感，而且往往很强烈，令人无法自拔。比如，有的同学开始关注某个异性，默默思念，或者开始有所行动，写情书、赠小礼物、约着一起逛公园、去补习班等。

其实，在青春期，对异性产生好感是正常的，说明你的心理发展和生理发育是同步的，也是健康的。

在此时，如果你开始有恋爱的心思和困惑了，那首先恭喜你，你长大了，你开始成为懂得欣赏他人的人了，如果你也被别人欣赏，说明你挺可爱的。

每个人都会经历青春期。在青春期的时候，会产生懵懵懂懂的情感，有些人选择了恋爱，去享受初恋带来的青涩与甘甜。当然，还有一些人，他们看到别人谈恋爱，十分羡慕，不知道自己该不该谈。今天，就来聊一聊父母特别紧张担心、你们不想说也不敢问但实际上是最想知道的青春期恋爱的那些事。

一、为什么我们有恋爱的心思

我们有恋爱的心思，除了身体荷尔蒙激素的刺激原因之外，当然还有一些外部的原因，这些因素也都在影响着我们对恋爱的观念和行为。

（一）不良社会诱惑

我们每天都会接触大量的网络小说、影视剧、短视频、广告等，也会从微信、QQ等社交软件中刷到各类信息。其中，有些内容不断宣扬恋爱的美好，或者某些展示特别能刺激到人的情欲，使我们对恋爱心驰神往。

影视剧、文学作品中的爱情故事，是让青少年对恋爱产生幻想的直接渠道。故事情节十分诱人，成人都难以拒绝，何况是青少年。在观影和观剧的过程中，我们的观念和行为在无形中都会受到影响。有的视频动漫，画面精美，情节生动，往往与情欲有关，一些学生甚至模仿这些情节去恋爱。

很多媒体，为了提升关注度，赚得金钱利润，故意渲染少男少女的恋爱，甚至是畸形的爱情……不知道误导了多少未成年人，助推他们成为不良少年，走向堕落。

（二）严重的从众心理

处在青春期的学生，有很严重的模仿和从众心理。尤其是在恋爱这个事情上，如果你在校外看到手拉着手一起下学的男女同学，你就会好奇那是什么样的感觉。当你看得多了，你就会觉得非常正常，如果有机会你便会去模仿。

从众心理，让我们卸下了第一个吃螃蟹带来的心理负担，也让我们对恋爱诱惑的抵抗力降到最低点。当家长或者老师责备你的时候，你可能还会反诘一句，你看人家谁谁谁，不都在谈恋爱吗？有什么大不了的，以此来推卸你的责任。从众心理就这样让我们轻易打破了心理禁忌，随波逐流，奔向恋爱的汪洋大海。

（三）弥补亲情缺失

很多研究发现，来自单亲家庭的孩子，在青春期阶段更容易恋爱。由于父母离异、父母关系糟糕等原因，很多孩子在家庭里缺乏亲情养护，就会寻求同辈关系来弥补缺失的亲情，恋爱则是最亲密的同辈关系，也是对缺失亲情最常见的补偿。

受到以往国家计划生育政策的影响，很多家庭都是独生子女，他们没有兄弟姐妹，再加上家庭的变故，比如父母离异或者自己被寄养，没有足够的亲情呵护，就会在无形中寻求恋爱来弥补，来缓解孤独感。

这种因为亲情缺失而导致的恋爱心理和恋爱关系，往往让青少年把握不住恋爱的尺度，而做出许多会让双方受伤的事情。因此，单亲家庭的孩子，尤其应该关注这一点。必要的时候，可以求助于老师，或者心理咨询机构。

（四）逃避学习压力，追求心理安慰

有人说："不在压力中变态，就在压抑中恋爱。"当我们遇到压力和困难的时候，如果身边有异性给予关注、理解和支持，就很容易形成情感上的依赖关系，而这正是恋爱的萌芽。处于青春期的我们，还会跟父母产生严重的对抗，父母的反对，更让我们希望得到外部的理解和安慰，这也是导致早恋的一个很重要的原因。

尤其是那些不爱学习的学生，反正有大把的空闲时间，谈恋爱刚好成了打发无聊时光的好方法。这就是为什么很多早恋发生在学习成绩较差的孩子身上的原因。他们借此逃避学习压力，打发无聊时光，看上去似乎很美好，实际上却浪费了大好年华，非常可惜。等到有一天，当他们发现学习对自己的成长具有非凡意义的时候，已经没有回头路可走了。

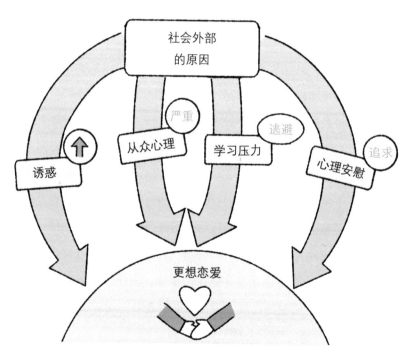

外部影响让我们变得更想谈恋爱

二、面对情感，到底是放纵还是节制

在青春期，如果感情问题处理不好，一定会影响我们的学业成绩；更坏的结果，是影响我们一生的走向。因此，我们既不能粗暴地压制自己的美好情感，也一定不能放纵自己。

（一）不自律、不节制，必将自毁

爱情看起来如诗如画，非常美好，但是背后却充满危险。自古以来，在那么多的帝王故事中，为博红颜一笑，导致国破家亡的例子比比皆是。生活在今天的我们，尤其是处在青少年阶段的我们，由于不能很好地处理感情问题而误入歧途者，也比比皆是。

| 爱情常令人丧失理智 |

吕布武功盖世，是三国时代的超级猛将，骑赤兔马，持方天画戟，即使刘关张三人同他打也只是平手。这么厉害的人物，却因为沉迷于貂蝉的美色，杀死自己的义父董卓，背上了忘恩负义的骂名，最后被世人唾弃，被群雄诛杀，结果相当悲惨。

即使被认为老谋深算的曹操，也没能逃脱情感的诱惑。曹操在宛城打败了张秀，张秀迫于压力投降了曹操，但是曹操看中了张秀的婶娘，并将其占为己有。张秀觉得非常耻辱，最后带兵反叛，深夜偷袭了曹营，顺带杀死了曹操的儿子曹昂和侄子曹安民。曹操也几乎丧命，还损失一位大将典韦。

如果曹昂不是死于非命的话，历史或将重新改写，恰恰因为曹操一时沉迷美色，最终导致江山易主。

| 清醒过来的刘邦 |

在秦末，刘邦曾和项羽约定，谁先攻进咸阳，谁就称王。结果项羽在路上受阻，晚了一步，刘邦率先攻打下咸阳。刘邦看着咸阳城皇宫里的金银财宝和如云的美女，就开始心动了。他想关闭咸阳城，自己在里面过好日子，享受花不完的金银，与后宫美女天天作乐。

刘邦一时迷糊，谋士们心里却非常清楚。尽情享乐，一旦更强大的项羽攻打过来，无异于自取灭亡。谋士们就劝说，如果你把咸阳的财富和美女据为己有，等强大的项羽来攻打就完蛋了。

刘邦听了谋士们的话，清醒过来，于是他把城内财富封存好，把后宫佳丽安置好，跟咸阳老百姓约法三章，自己提前离开，从而避开了项羽的锋芒，为自己赢得了时间和好的口碑，最后成了帝王。

通过对比我们可以发现，吕布因为迷上貂蝉杀了义父董卓，毁掉了自己的事业和性命。刘邦忍住了财富和美女的一时诱惑，赢得了战争的转机，让自己由弱小变得强大，最后建立了汉朝。青春期，对我们来说，既是成长的大好机会，也充满诱惑和陷阱。如果我们能够看清楚其中的利害关系，安全度过青春期，将来一定会感谢自己的。

我们在青春期会非常困惑，一方面，情感上的依赖可以舒缓压力，体会恋爱带来的美妙感觉，非常期待；另一方面，家长和学校的禁止反让自己跃跃欲试，对爱情更加充满好奇。

| 禁不起诱惑的孩子 |

曾经有一位同学，初一、初二的时候，由于家长管得很严格，从不尝试跟学习无关的事情，是一个非常优秀的学霸。到了初三，由于家庭变故，父母对他的管理稍有松懈，他也耐不住爱情的诱惑，跟一个女孩子交往了。

也就仅仅一个学期，他的成绩就变得一塌糊涂。最后，竟然连高中都没有考上，辍学打工去了。而那个女孩子看他连高中都没有考上，自然也就跟他断了关系，跟其他人继续交往去了。

这个孩子仅仅因为一时经不起诱惑，早恋放弃了学习，最终既失去了学业和前途，也失掉了爱情，非常可悲，现在再后悔也没有办法追回。

在生活中，很多人在恋爱阶段，为了给心爱的人一个惊喜，不辞辛苦，甚至跑很多商场去挑选一件礼物；为了获得对方的喜欢，有人甚至抱着吉他在楼下等很久，不管刮风下雨，还是烈日当头。

每当听到这样的事情，我都会很难受，都会为他们感到惋惜。我想，如果这种勇敢和执着的精神，放在学业上，将是多好的事情，很可惜用错了地方，用在了意义不大的地方上。青春期的荷尔蒙激素，既可以让我们沉迷于感情不能自拔，处于完全失控的状态；也可以让我们努力追求学业，使得人生更上一个台阶。你看奥运会，你就会想到那些获奖的选手是如何训练自己的。他们往往十五六岁的时候，就一门心思搞训练，这时候荷尔蒙激素分泌非常旺盛，也给他们注入了强大的力量。究竟你的青春该如何度过，你该如何利用好自己的青春荷尔蒙，读到这里你应该心中是有答案的。

（二）时代的变迁，不允许我们放纵

现在这个高科技时代，社会对人的生存能力要求非常高，而人的生存能力的培养基本上来自接受教育：一方面，教育给我们提供了学历证书，让我们有资格参加有竞争力的工作和行业；另一方面，教育给我们提供了技能，让我们有能力从事需要较高智商的工作。

但是，你想过没有，如果从初中或者高中就辍学，或者说就在教育上落后于别人，那我们漫长的生涯该拿什么去和别人竞争呢，又该怎么度过呢？

1. 人类的寿命越来越长

从下表可以看到，人类的寿命越来越长。在清代和民国时代，人们平均也就能活到 30 多岁，这时结婚生子和延续后代，是非常重要的事情，人类也就无所谓早恋不早恋的问题了，很多人甚至还没到青春期的年纪，就已经养育小孩了。即便是到了中华人民共和国成立后，在很长一段时间里，人们平均也就只能活个五六十岁，生命很短暂，生养孩子依然是很重要的问题。

年　代	平均预期寿命	年　代	平均预期寿命
清代	33 岁	1997 年	61 岁
民国	35 岁	2000 年	71.4 岁
1949 年	37 岁	2005 年	73.0 岁
1957 年	57 岁	2015 年	76.3 岁
1981 年	67.77 岁	2020 年	77.3 岁

但是如今，很多人活到七八十岁都很正常。科技和医疗事业的发展，也是现在老龄化社会到来的原因。

人类寿命越是延长，我们在青春期阶段的学习和积淀的作用就越重要。因为你漫长人生的生活质量，基本都是由青春期前后那一段时间的学习积累所决定，如果你学习不好，生存技能低下，那么生活质量就不高。如果年轻的时候，你沉溺于爱情，不给自己打下牢固的事业基础，你后面将面对漫长而惨淡的人生，说来是不是很恐怖？其中的轻重，相信你一定可以掂量到。

2. 人的生存方式的变化

以前，人们普遍靠体力劳动维持生存，男人因为身强体壮而具有优势，女人则大部分依附于男人。在远古时代，男人外出狩猎，女人大多则留守家中，等待丈夫将食物带回。后来，进入了农耕时代，男人耕种，女人织布，家庭分工明确。

在依靠体力生存的时代，学习对人类来说虽然重要，但是体力强大完全可以弥补学习上的不足。那个时代，大多数人没有接受教育的机会。由于生产力水平低下，生活条件很差，人们的平均寿命很短，家族繁衍就成为头等重要的大事。人们往往很早结婚生子，只要能生产出劳动力，人生就没有太多遗憾。但是，现代社会，越来越强调智力的作用，单纯靠体力很难找到好工作，更难生活得很好。

对男孩子来说，不接受更多的教育，意味着获得更好工作的可能性就低，生存能力也会变得很差。对女孩子来说，如果过早结束接受教育，意味着失去了自己事业发展的机会，也使得遇到优秀男生的概率变小，难以过上优质的生活。因为那些真正优秀的男孩子都还在读书，而你已经走向婚姻了。所以，如果你在青春期放纵自己，意味着你在学业上将付出惨痛的代价。

从长远的角度看，经营好一个幸福的家庭需要智慧，所以，择偶的标准非常重要。这就如同剥洋葱，一层层剥开，才能看到人的内核。如果你能看到更深层次的东西，对一个人有了更多的尊重和认同，感情生活才会越来越好。

然而，这一切都需要我们经过年龄的沉淀来选择，而不是在青春期因为冲动而做出让自己后悔的决定。因为青春期阶段，心智和能力尚未成熟，我们的智慧还不足以支撑起做这样一个正确的决定。

三、在青春期，怎么对待爱情？

爱情是世界上最复杂的一种情感，它就像一朵美艳玫瑰，充满诱惑，让人欲罢不能，又极易刺伤他人或自己。因此，爱情应该在最好的时机到来，你过早品尝它，就要付出惨重代价。

在爱情面前，我们不光要看到它的小美好，还要看到随之而来的大责任。如果你是男孩子，不妨想一想，你今天有能力做一个有责任心的丈夫吗？你会成为一个有安全感的爸爸吗？如果你是女孩子，当你不停抱怨父母的时候，你有足够的信心做一个好妈妈吗？你该如何做一个合格的母亲呢？

相信同学们心中，已经有了一定的答案。这一切都需要时间来沉淀，需要我们通过不断地提升自己，配得上一个丈夫或者妻子、爸爸或者妈妈的称呼。我们不能凭着一时的冲动，在自己配得上以前就去品尝爱情的味道。

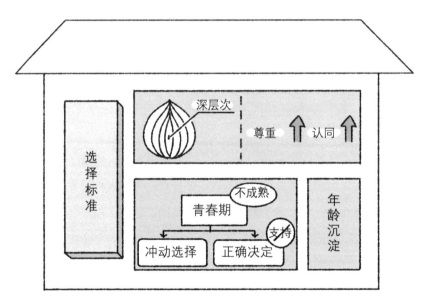

经营好幸福家庭需要智慧

（一）先让自己足够优秀

这世界，万事万物都有它的次序。只有你足够优秀，你才能有机会寻找到生活中另外的优秀。将来你要走进婚姻的殿堂，你想选择优秀的另一半，就要保证自己更加优秀，否则一切都是妄想。

| 一个小女孩的蜕变 |

我认识一个女孩，她的家庭条件很一般，从浙江丽水到杭州来打拼。她对我讲了一段她对爱情和婚姻的价值观。她告诉我："现在不去谈对象。"我问为什么。她说："当我挤在公交车上，我只能认识公交车上的男生；当我坐在火车上，我只能认识火车上的人；当我坐上飞机，我就能认识飞机上的人；有一天，我坐在头等舱，那我又有了更好的选择。"

女孩的话不能说没有一定的道理。选择另一半确实是一个匹配度的问题。当你自己不够优秀，不够好的时候，你的选择面会很窄，选择的水平也会很有限。

后来，这个女孩通过自己的努力和坚持，让自己一步步从普通的、在酒店当过洗碗工的小女生，蜕变成一个拥有不错财富的女士。当然，她今天也有个非常棒的另一半，两人共同经营着一个幸福的家庭。

现代社会，就谈恋爱而言，即便年纪大一些都没有什么问题。现在30多岁，甚至40岁谈恋爱、结婚的人，都很普遍。而人一旦错过了读书时间，到30岁的时候，你突然意识到读书很重要，想好好读书时，难度已经非常大了。所以，十几岁的孩子处在读书的黄金时期，对爱情来说，不是最佳的时机。

比如，我曾给自己制订过一个目标，在3年后出国进修，但是后来我感觉挑战非常大。因为工作非常忙，在公司身兼数职，除此之外，还要经常陪孩子，经营家庭关系，操心父母健康。这时候，要到国外静下心来读书学习，难度可想而知。

| 那对小恋人走散了 |

有些孩子很羡慕那些谈恋爱的学生，自己也想尝试。我遇到的真实故事，值得听一听。

我上高中时，班里曾经出现一对小恋人。当他们手牵手走过的时候，大家都投去了羡慕的眼神。在当时，这个男孩子也觉得很自豪。

仅仅几年时间，我们那帮同学都通过自身的努力考上了清华、北大、浙大等知名学府，毕业后也都走上了心仪的工作岗位。然而，当20年后同学再聚会，大家再次谈起那对小恋人，只有同情和惋惜。

原来，那对小恋人早已经走散了。而且，由于他们在大家都拼命读书的时间谈恋爱，消磨了努力学习的斗志，高中毕业后就去打工了。好景不长，女方家里嫌男孩子学历太低，就逼着女孩子嫁给了另外一个人。而男孩子最后随便找了一个女孩子结婚，一直在建筑工地干活。现在，日子过得相当艰难。

必须要认识到，错过最适合读书的黄金时期，再想回头抽空读书，实际上是非常艰难的。相反，感情问题却是什么时候都可以解决的。或许有的同学会说：你看，谈恋爱在学校里也很普遍啊！你看，学校过半的人都在谈恋爱。说这话的同学是在认识问题方面进入了一个误区。因为人有一个习惯，关注什么就会看到什么，即注意力等于"事实"。

当你想买一辆奔驰车，心心念念的时候，你会惊讶地发现在路上看到的全是奔驰，这是因为你只看奔驰；而当你想打游戏，你会发现身边都是打游戏的同学；当你准备谈恋爱的时候，你也好像发现身边都是谈恋爱的同学。但其实这样的现象依然属于少数。

我们如果在青春期很关注自己的学业和成长，那么就会看到很多优秀的人，就会让自己越来越优秀，等多年后你走向社会，才有足够的资格配得上更优秀的人。这一点在我们这个时代，越来越是如此。

（二）坚定你的目标

很多人在刚上初中或者高中的时候，都曾给自己立下过远大的目标，也都有过热血沸腾的过去，但是也有人因为过早谈恋爱去了，把自己的远大目标忘得一干二净。

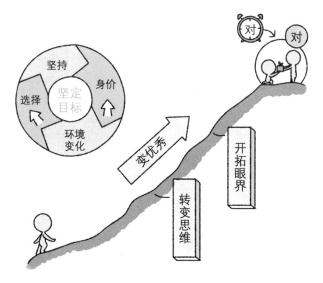

如何做好迎接爱情的准备

如果你在青春期这个属于奋斗的阶段，止步于爱情，就像过早地给自己的人生画上了一个句号，你的人生也将止步不前。

| 我们究竟会遇到什么样的人 |

有人认为命运是很偶然的事情，你看有些人的人生会遭遇各种突如其来的不幸，走向很不好的境地，比如车祸、水灾、地震等，甚至战争。但是，人生中有绝大部分的幸福又是由自己一手创造的。

我上初中的时候，有几个同学因为家里太贫穷，爸妈就不让他们上学了。尽管他们学习成绩还不错，即便班主任到他们家里去找了好几次，依然没能阻止这几个学生辍学。最后，他们还是打工去了。而我，虽然学习成绩不是非常好，但是我求学之心还是比较坚决的。我从来没有想过要辍学，而是在不断地求学，从高中一直读到博士研究生。同时，结交的朋友的知识文化层次也越来越高。而那几个辍学的同学，他们一直在打工，接触的人也多是底层的。可以想象，我们的生活之路是多么不同啊！

10年之后，我们再次相遇，那种差别，不是说你穿了什么衣服或者开了什么车子这种外在的表现，而是精神面貌、思想境界等内在的体现，差异非常巨大。而他们的妻子或者丈夫，也差不多和他们处在同一个水平。

我在想，如果他们当年能同我一样，有颗坚决读书的心，那么即便是家里很穷，我们的班主任也会想办法帮助他们完成学业，读完高中，甚至考上大学。如果那样，也就是多吃几年苦，现在的生活会好很多。然而，是他们放弃了读书之路，选择了一条所谓捷径，不想吃学习的苦。他们给自己创造了一条那样的道路，而我却始终没有放弃读书，并且以苦为乐，才用自己的双手给自己创造了今天的一切。

所以，我们的一生究竟会走向哪里，会遇到什么样的人，最终能够起决定作用的还是自己。自己能站在什么高度，就会遇到什么层次的人，就会过什么样的生活。我希望年轻的你们，真的不要太早给自己的人生定下一个价码，让自己的人生价值固定在这个价码上。

为了更加美好的相遇，我们必须用尽全力，在人生最该奋斗的年纪，为自己的人生赋能，用奋斗来撬开你自己的未来世界。

人生就是这样，如果你在早年不懂得坚持，你就不会有很高的价值提升。如果你坚持下去，你会发现你的视野不断扩展，价值在不断地提升，周围的环境也在不断地发生变化，当你的学识和修养通过不断学习到达更高层次时，你所拥有的选择也就会越来越多。

在真正的爱情到来前，我们还是要树立并坚定自己的远大目标，坚决不要用最低的价格给自己定位。

（三）未来的选择很多

青春期的萌动是美好的，它美在需要我们远远观望不去碰触，精心地呵护这颗含苞待放的蓓蕾，让它汲取更多的知识营养。在这个阶段，它也像一个美丽的泡影，如果你去碰触，会很快破碎。如果我们先去奋斗，先去把握自己的人生，把它放在心底，它将长久保留值得我们一生怀念的青涩味道，回忆起来将非常美好。

在果子还没有成熟的时候，千万不要着急地去摘掉它，否则不仅尝不到甜美的味道，还会丧失对果子的美好想象，得不偿失。

我们大可不必着急，未来的日子很长，未来可以选择的人还有很多，未来还有更多的美好在等我们。当你用青春期的时光，来给人生镀金的时候，你就走向了另一个更加优秀的自己，在不久的未来一定会有一个和你一样优秀的人跟你相聚，走进更美好的家庭生活。而现在只需记住，前面的路非常精彩，不能被眼前一只蝴蝶带到沟里去！

第四章

用自律为成长保驾护航

第一节　没有自制力的人正在遭遇什么

网上有个段子："天将降大任于斯人也，必先卸其QQ，封其微博，删其微信，去其贴吧，收其电脑，夺其手机，摔其iPad，断其wifi，剪其网线，使其百无聊赖，然后静坐、喝茶、思过、锻炼、读书、弹琴、练字、明智、开悟、精进，而后必成大器也。"

这虽然是戏谑之词，但是足见，人生在世，如果想做出一点小小的事业来，那种摒除诱惑、加强自制的决心，是极其宝贵且非常重要的。

一、为什么人需要自制力

我们可以不去过多寻究班级里优秀学生学习好的原因，但是至少有一条应该引起我们足够的重视，那就是他们都很自律，有很强的自制力，这是他们共同的特点。从这里，你也许可以体会到自律的价值。

（一）自制力让我们得以立足

对这个问题，还要从几万年前，我们的祖先开始说起。

可以想象一下这样的场景：原始人都生活在一个部落里，生活相当简单，只需要寻找食物、繁衍生息和避开凶猛的动物就够了。人与人之间只有互相帮助才能求生，因此部落里人们的关系十分密切，一个重要准则就是"别惹火其他人"。

部落里，人们需要相互合作、共享资源，因此你不能随心所欲，否则大家天天都会打架。比如，大家商量好了如何去捕猎、采集，但是你却偷懒，不愿意劳动，还想分到食物，就会被惩罚。

在封建社会，交朋友和与人打交道的方式，和今天其实没有太多不同：路人需要遮风挡雨的地方，你不妨帮他一把，因为你肯定也有要借宿别人家的时候；别人缺吃少穿的时候，你不妨分他一点，因为你也会遇到饥寒交迫的窘境；而且千万不要随便对人发脾气，因为不是所有人都像家人那样包容你。换句话说，我们多少得有点自制力。

现代社会越来越复杂，人们需要面对的社会环境也更加复杂，这就要求我们更加有自制力。尤其是在学习方面，现代社会对人的知识和能力的要求很高，我们要学习的东西很多，难度也很大。如果没有强大的自制力来调控，我们就不可能静下心来，也就没有专注力和耐力，学习那么多的知识当然也就不可能。因此，没有自制力，我们就无法在学校和社会上立足。

（二）没有自制力，结局很悲惨

如果人没有自制力，可能会遭遇非常悲惨的事情。

| 坐过站的女乘客 |

2018 年 10 月 28 日 10 时 8 分，重庆市万州区一辆 22 路公交车在万州长江二桥桥面与一辆红色小轿车发生碰撞后，坠入江中。

原因是什么呢？原来，车上一名 48 岁的女乘客因为坐过站，与司机发生争执，进而用手机砸司机头部，于是司机进行还击，导致车辆失控坠入江中。这次事故导致公交车上15人全部遇难。

这是一个多么悲惨的故事，起因却是一件微不足道的小事！

如果那位女乘客是一个有自制力的人，会怎么处理这件事呢？她虽然坐过了站，心情有点懊恼，但是首先会控制住自己的情绪，因为公交车有管理规定，只能在站点停靠。我们不能说让公交车停下来就停下来，可以等到下一站下车，往回走一点，或者再往回坐一站公交车，就是多花一点时间而已，其实并不是什么大问题。

然而，这个女乘客因为缺乏自制力，不管公交车管理规则如何，只顾发泄自己的情绪，逼着让司机立刻停车；司机不肯停车，她就冲到司机旁边，指责争吵甚至大打出手。到下一站停了，她不下车，又过了一站，还不下，继续闹，结果酿成了那么大的悲剧，自己也葬身江水之中。

可以看到，没有自制力的人，最大的危害是，情绪失控、不计后果地死缠，最后导致悲剧的发生。

如果日常生活中我们没有自制力，会发生哪些状况？

A.你特别喜欢玩游戏，一放学回家或者一到假期就废寝忘食地玩起来，根本停不下来，老师布置的家庭作业总是在最后时刻草草做完。

B.很可能会因为一些微不足道的小事而发脾气，时常跟人发生冲突，遇事特别容易冲动，不考虑后果，顶撞父母、老师的事情经常发生。

C.做事非常拖拉、缺乏效率，起床拖拉、写作业拖拉、吃饭拖拉，甚至连做自己喜欢的事都磨蹭，虽然父母时时在督促你，可是似乎并不管用。

D.不太有主见，经常别人说什么就信什么，别人说怎么做自己就怎么做，缺乏明确的是非判断力。面对诱惑和陷阱，很容易就掉进去了……

相信你一定不希望自己将来成为这样的人吧！

二、人的自制力来自哪里

人生活在世界上，一刻也不能缺少自制力。如果我们没有自制力，可能会引发很多问题。当你不想上学的时候，就不去学校了；当你在教室里坐烦了，不管老师是不是还在讲课，就迈腿走出教室；当你想吃东西的时候，不管给不给钱，拿起便利店里的东西就吃。那么，你将为自己的不当行为付出代价。

| "棉花糖"实验 |

在 20 世纪六七十年代，美国斯坦福大学心理学家沃尔特·米歇尔进行了一系列著名的"棉花糖"实验。

他招募了 600 多名 4 岁的儿童参与这个实验。在实验开始时，他在每个孩子面前的桌上都放一块棉花糖，并且告诉孩子们：他需要离开房间 15 分钟，等他回来时，如果棉花糖还在桌上，那他就会再给孩子一块棉花糖，作为奖励。

结果是，每三位孩子中就有两位吃了棉花糖，有的孩子在房门关上后几秒钟就迫不及待地把糖吃掉了，有的等了 1 分钟、有的等了 5 分钟、有的甚至等了 13 分钟。而三分之一没有吃的孩子，他们会看着棉花糖，不断往后退，甚至舔上一口，或者通过唱歌、踢桌子、闭眼睛来分散自己的注意力。

14 年后，沃尔特·米歇尔找到了当年参与棉花糖实验的孩子进行后续调查。他发现当年可以忍住不吃棉花糖的孩子普遍"更具有竞争力"，可以进入好的大学，而且在学校的表现也会更加优秀。

至此，他提出了一个重大的发现：自控力，也就是延迟享乐的能力，是决定孩子今后成就的关键。

可是，为什么有的孩子面对诱惑能自控，有的却不能？这是什么因素决定的呢？我们再来看看下面的实验。

| 更进一步的"棉花糖"实验 |

为了了解其中的原因，美国罗彻斯特大学的基德教授，重新改良了这个实验。在引入"棉花糖"实验之前，她将孩子分成 A、B 两组，同时让孩子们和她的同事一起画画，旁边放了一盒用过的蜡笔。

有一位同事会告诉孩子们："你们可以现在用这些旧的蜡笔，或者稍等一下，我会去拿一些全新的更加漂亮的蜡笔。"几分钟后，A 组的成人拿着全新的蜡笔回来了。而 B 组的成人空手回来，向孩子们道歉："对不起，我记错了，我们没有新蜡笔了。"

同样的情况又重复了一遍，但是这次是许诺有新的贴纸。同样的，A 组的孩子得到了新的贴纸，而 B 组的成人再一次道歉。经过这两次前期的"热身"后，开始了"棉花糖"实验。

结果非常令人震惊，A 组（也就是成人两次都兑现承诺的那组）的孩子通过测试的比例，要比 B 组的孩子高出 4 倍。

这两个实验说明了什么？它们说明，你现在的自控力也许很弱，但并不表示你天生自控力就很弱，很有可能是后天造成的，因为环境对于人的自控力的影响非常大。自制力属于人的意识和观念，会随着环境的改变而改变，并不是一成不变的。

很多时候，我们可以做到自控，也可以做到不自控。当人所在的环境"言必信，行必果"，那我们就会更加愿意自控；而如果所处的环境是"出尔反尔，连哄带骗"，那我们就会明白"现在吃到肚子里的才是最保险的"，自然就不会有自控力。

父母和家人是我们所处环境中最主要的因素。你也许会发现，很多时候，父母为了让你"乖、听话"，最常用的招数之一就是"哄骗"，随口许诺。"穿上鞋子，待会给你买冰激凌""写完作业，带你去儿童乐园玩""吃好饭，我们就看动画片"。但是经常的，当你乖乖听话了，也许父母太忙了，会把这些随口许诺忘记了，并且以为你年纪小，没记性，不会有什么影响的。

但是下次，当父母再要求你把鞋子穿上时，你第一时间就要先吃冰激凌。当父母再要求你写完作业时，你的第一反应是先要玩一会儿；当父母再要求你把饭吃完时，你的要求是要边看动画片边吃，不然就不吃。因为，长期以来父母给我们的口头支票都没有兑现，你慢慢明白了，"忍耐一会儿就能多吃一个棉花糖，那是骗人的，我不如先吃下这个棉花糖"。是不是这样的呢？

可能你的父母会说："当时的确忙就忘了，我后来也道歉了啊。"当日盼夜盼的那个期待没有实现，你一定会感到失望和委屈，也许你当下的确原谅了你的父母，但这种失望和委屈的情绪却一直会在那里。当你的父母不断地重复"承诺—道歉"的模式，长此以往，就会影响到你对于周围的人和环境的信任感，就会影响你很多的决策。承诺是个特别严肃的词语，如果无法兑现，就不要随意说出口。"狼来了"的故事说多了也就不奏效了。

所以，没有自控力的孩子，很有可能是在这样的环境中成长的。

自律水平测试题

以下各题，描述你日常生活、学习中碰到的事情，请根据你的实际情况，从"总是这样、经常这样、有时这样、极少这样、从不这样"中做出选择，只要挑一个最符合你实际情况的选择项即可，在该选项下面的括号里打钩（√）。注意：别漏掉题目。

序号	事　例	总是这样	经常这样	有时这样	极少这样	从不这样
1	一件事做完了才开始做另一件。					
2	经常与同学争吵。					
3	上课做作业十分用心。					
4	碰到难一点的题目就不高兴做。					
5	老师不注意时就做小动作。					
6	很少与同学在一起。					
7	不喜欢的课不愿意学。					
8	作业整洁，字迹清楚。					
9	想说就说，随便插嘴。					
10	上课时脑子想别的东西。					
11	枯燥的学习任务也能坚持完成。					
12	一不高兴就发脾气。					
13	知道不对的事还去做（如上课开小差）。					
14	别人不当心伤害了我，我会原谅他的。					
15	上课坐不住，东张西望。					
16	一次考试成绩不好，会更认真学习，争取下次考好。					

序号	事 例	总是这样	经常这样	有时这样	极少这样	从不这样
17	看到一件喜欢的东西，非要父母买不可。					
18	上课不耐烦，盼望快点下课。					
19	即使我很忙，也愿意帮助别人。					
20	老想着不开心的事，心情不是很好。					
21	学习有目标，有要求。					
22	下课玩得太开心，上课还想着。					
23	想要的东西一定要得到。					
24	因不听老师的话受到老师的批评。					
25	我能够控制好自己看电视的时间。					
26	与小朋友玩得很好，大家都开心。					
27	父母有事时我还去打扰。					
28	忘记带上课必需用品。					
29	当天的作业当天完成。					
30	每天准时睡觉、起床。					
31	上课随便说话。					
32	每天在规定的时间里做功课。					
33	无人监督时自己也能安心做功课或完成任务。					
34	做作业时漏做题目。					
35	不找人帮忙，自己动脑筋把难题做出来。					
36	不管作业是否完成，有朋友来找，一定出去玩。					
37	在外面玩时，常常忘记回家的时间。					
38	与同学争吵或发怒时，会骂人。					

正面描述的题目（第1，3，8，11，14，16，19，21，25，26，29，30，32，33，35题），计分从"总是这样"到"从不这样"，依次得5、4、3、2、1分；反面描述的题目（第2，4，5，6，7，9，10，12，13，15，17，18，20，22，23，24，27，28，31，34，36，37，38题），计分从"总是这样"到"从不这样"，依次得1、2、3、4、5分。

结果分析

国内研究数据显示：一年级孩子的平均分在139.1分左右；二年级平均分在143.6分左右；三年级平均分在140.5分左右；四年级平均分在142.3分左右；五年级平均分在138.1分左右；六年级平均分在146.1分左右。总体来说，平均分数随着年级的上升不断提升，初中孩子的自律水平要更高一点，但同龄女生一般要比男生高出10分左右。以上自律水平测试表仅供大家参考，只要你的分数不是和平均分差别太大，就不用过分紧张，重要的是有意识地提升自己的自律水平。

第二节　面对诱惑，如何自控

为了能更好地生活和学习，我们需要拒绝诱惑，因为各种诱惑会占用我们的时间和精力，让我们最后变得一事无成。但是，生活中的诱惑太多，又太猛烈，我们很容易招架不住，该如何让自己拥有更强大的自控力呢？

是什么让他戒掉了游戏又犯瘾

小华是个初二的男生，由于祖上三代单传，到了小华这里，爷爷、奶奶、爸爸、妈妈都非常宠溺小华。结果，在该给他立规矩的年龄段里，爸爸妈妈下不了狠心，让小华养成了很多不好的习惯。

小华特别没有规矩感。他从小到大处处被宠溺，养成了小霸王的生活习惯。每次吃饭，都是他先动筷子，而且他爱吃什么就吃什么，从来不管别人吃不吃。他爱吃鸡腿，小小年纪每次一吃就停不下来。最高纪录是一顿吃了 10 根鸡腿，小肚子非要吃到圆鼓鼓的，才肯罢休。这在重视传统美德的中国家庭里，简直无法想象。他爸妈似乎意识到了问题，却从来没有想办法去解决。

最严重的还不是吃东西这个问题，而是他沉溺于打游戏。他虽然才上初二，但是戴的眼镜的度数已经将近 600 度，看着厚厚的玻璃镜片把鼻梁子都压出了印痕，让人非常心疼。他妈妈说，他每次放学回家就打游戏，作业也几乎都是到了夜里 12 点以后才开始做，有时候干脆就不做了，他的学习成绩可想而知，倒数第一名是常事。爸妈总是催着他早点做作业，但是一点用都没有。

小华沉迷于游戏，导致眼睛干涩、红肿，眼睛太干痒了，他就自己滴上几滴眼药水。由于长时间打游戏，缺乏运动，他的身体虚胖，亚健康。小小年纪，走上几步就要大喘气。而且，由于经常熬夜，甚至那么小就有掉头发的症状。

爸妈也带着他去参加过夏令营之类的活动，让小华远离游戏，但是只要一回到正常生活，一回到家那个环境，他的世界又会被游戏霸占。他通过辛苦努力换来的改变立马被打回了原形，对游戏没有一点抗拒力了。为此，父母非常苦恼，面对即将到来的初三，即将到来的中考，也是非常揪心。然而，小华似乎并不知道中考对自己意味着什么，依然沉迷于自己的游戏世界，把那场即将到来的决定自己命运的考试抛之脑后。父母知道环境对小华的影响，可是这个环境还真是很难改变！

环境对人非常重要。面对手机诱惑，就像面对毒品一样，就算是顽强的人，处在某些环境下，也会虚弱不堪；就算是意志力坚定的人，只要重新接触与毒品有关的人和地方，也会再度落进毒品的魔爪。

很多时候，那些诱惑物对我们来说，就是如此充满力量，让我们欲罢不能，把我们牢牢抓在股掌之间，让我们因此错失太多美好的事物。那么，如何拒绝诱惑呢？

一、远离诱惑物，降低依赖性

有很多东西的诱惑力实在太强大，比如手机游戏。而我们又不得不戒断这些诱惑，去做对我们来说更有价值的事情，这往往是一个非常挣扎的过程。

就拿手机来举例，成年人上了一天的班，非常疲惫，下班回家后往沙发上一躺，打着游戏、吃着零食，还哼着歌，十分享受，可是这对他们的眼睛是很大的伤害，因为往往他们已经看了一天的电脑，现在需要好好休息一下眼睛。对于学生来说，放学回家后，如果不停地打游戏，可能意味着你第二天要面临做不完作业的尴尬处境，而且也会影响你晚上的休息时间。大量的实验都表明手机辐射会影响人大脑的成长，干扰人的睡眠，长时间使用手机会对人造成伤害。

要是让你远离手机，拒绝手机游戏，大家又会说太难了。但是如果我们查看家里的环境，会发现诱惑因素太多。比如：写作业的时候，你的手机是不是放在你随时能看到、拿到的地方？在你面前，父母有没有看手机、玩游戏的习惯？父母有没有用奖励你玩手机的方式，来要求你尽快完成作业？父母是否经常拿着手机各做各的事，很少陪伴你玩乐？

很明显，如果可以够得着手机，我们就很难与手机隔离，不管如何，总想着看上一眼。这一切都在向我们证明，要想在晚上回家后不玩手机，去写作业，我们只能不接触手机，把手机放到自己看不到、摸不着的地方。

为了拒绝诱惑，我们要尽可能减少环境中的诱惑因素，而不仅仅是用自己的意志力去抵抗诱惑！在你需要专心做事的时候，把手机放到你眼睛看不到、手够不着的地方。同时，也请你把书房里的零食都拿走，拿到你看不见的地方。如果你父母在刷抖音，请他们到自己的房间里去刷，不要让自己听到声音。只有我们远离诱惑物，才能渐渐地将注意力转移到需要注意的地方。

二、转移注意力，降低对诱惑物的渴望

在棉花糖实验中，你知道那三分之一的孩子，是怎么做到等待 15 分钟不吃棉花糖的吗？从隐藏摄像机中，研究人员看到，那些孩子会捂住自己的眼睛、玩手指、看天花板或者离开凳子。这些行为有一个共同的目的——转移注意力。这说明，当不去注意诱惑物的时候，我们对诱惑物的渴望会降低，以致

完全忘记诱惑物。

生活中，我们做一些不被允许的事情时，比如玩水、按开关等，家里人会立刻制止，说"不要玩水""别乱按开关"。父母自认为这样的制止很严厉，一定会有效果，其实不然。当他们对我们说"不要做……"时，我们的注意力仍然在诱惑物上，他们提及诱惑物的次数越多，我们越是抵不住诱惑，想去尝试。

心理学家班杜拉在"棉花糖"实验之后，做了一些后续研究，他让那些最初自控力较差的孩子与一群成年人接触。这些成年人在行为上做出榜样，向这些孩子示范，把注意力转移到别的事情上，从而延长等待时间。孩子们通过观察这些示范行为，渐渐学会了怎样分散自己的注意力，比如埋头打个盹儿、哼唱歌曲、目视别处等等。几个月后，他们发现，这些孩子已经在很大程度上具备了转移注意力的能力，并且能够运用这些方法来抵制外界的诱惑。

我们完全可以把注意力集中在替代活动上，而不是只沉溺于当下的冲动中。在想打游戏的时候，我们可以把注意力转移到既感兴趣又被允许的事情上，让诱惑物远离视线。比如，可以用打篮球替代打游戏，通过这种方式慢慢降低我们对诱惑物的兴趣。

三、学会延迟满足，逐渐戒除诱惑

如果实在无法远离诱惑物，也无法转移注意力，我们就要让自己学会延迟满足，逐渐戒除诱惑。

心理学家发明了一个"10分钟法则"。当你不小心撞上诱惑时，在时空上制造一些距离，让诱惑离远一点，或者在时间上拖延一会，来达到戒除诱惑的目的。比如，你想吃蛋糕，可以跟自己说："虽然我很想吃，但是得先等10分钟，如果10分钟后我仍然很想吃，我再打开。"然后，在这10分钟里，可以先把蛋糕放进冰箱里，远离自己的视线。

对于人们很想要的东西来说，10 分钟看起来不太长，但是神经科学家发现，10 分钟能在很大程度上改变大脑处理"奖励"的方式。如果获得满足感之前必须等待 10 分钟，大脑就会把它看成未来的奖励。重要的是，经过 10 分钟的时间，你的大脑可能就没有那么迷恋这个诱惑物，很可能就对它失去了兴趣，甚至最终忘记了这个事情。

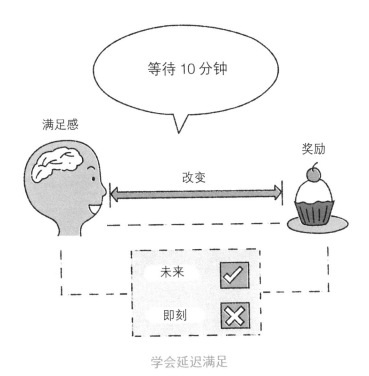

学会延迟满足

| 用10分钟法则戒烟 |

我有个朋友，是个有着 20 年烟龄的烟民。医生经过体检告诉他，他的心脏和肺部都受到了伤害，必须戒烟，不然会致癌，寿命会受到损害。于是，我就告诉他可以用"10 分钟法则"来练习戒烟。

我跟他说，每次想要抽烟的时候，就告诉自己：再等 10 分钟。然后，利用这 10 分钟的等待时间，到一个他不能吸烟的地方去，比如办公室或商店，让自己有更多的时间冷静下来，或者给妻子打电话，寻求精神上的支持。如果你能挺过第一个 10 分钟，就可以再等 10 分钟，如果那时还想抽烟的话再抽。

很快，他就减少到每两天抽一包烟了。更重要的是，他对自己的自控力变得很有信心。在接下来的戒烟过程中，他已能很熟练地运用 10 分钟法则，帮助自己延长等待的时间，最后竟然成功地戒掉了烟瘾。多么不可思议！

延迟满足，是一种比较柔软的自控技术，它不像让我们突然远离诱惑物那么剧烈。它让我们通过心理暗示（这样忍耐，我是可以承受的），既照顾到我们对诱惑物的渴望，又让我们不至于因为戒断诱惑物太痛苦，让我们渐渐远离诱惑物，从而达到控制自己的目的。

对于儿童来说，这种训练方法效果非常好。

低延迟满足的人，往往低估当前这一点努力的价值（比如 10 分钟的延迟），或者意识不到延迟满足的效果，觉得多做一次、少做一次并不会影响最终结果，因此很难做到持续努力，更容易三天打鱼两天晒网。很多低延迟满足的人，都是非常感性的人，往往性格也比较急躁，天生缺乏耐力，就更有必要进行延迟满足的训练，达到控制自己欲望的目的，从而可以取得更好的成绩。

高延迟满足的人，偏好长期的回报，他们可以清楚地看到此刻一点小的努力和未来目标之间的联系，会把当前的努力看作实现目标的必要步骤。比如，他们会把写一篇文章、记 20 个单词、锻炼一小时看作实现目标的小步骤，会把这些当成必做的小功课，持续努力，从而达到目的，而不是期待一口吃成胖子。

在延迟满足这种自控技术上，最重要的是，你要让自己相信，忍耐并不会对自己造成什么伤害；就此刻这一点延迟满足而言，自己也一定可以承受，甚至可以成为一件很有成就感的事情；通过延迟满足，可以一步步接近目标，得到更大的"未来奖赏"。

第三节 如何应用有限的自控力

在生活中，需要运用自控力的场合，随时随地都会出现，小处如进门洗手，清晨洗脸，每天刷牙这些生活细节，大处如训练某项技能参加一项比赛，都需要强大的自控力来克服外界诱惑，集中注意力。因此，自控力就像是一个需求量巨大的资源，但是它是无限的资源吗？

| 曲奇饼诱惑实验 |

研究者在房间里放上刚烤好的香喷喷的曲奇饼和一碗不好吃的生萝卜，让非常饥饿的大学生进入房间。

学生被随机分为两组：一组是曲奇饼组，可以随便吃曲奇饼；另一组是萝卜组，不准吃曲奇饼，只能吃生萝卜。为了加大诱惑，研究者离开，让学生单独和萝卜、曲奇饼在一起。

很多萝卜组的学生盯着曲奇饼很久，甚至闻了闻香味，才认命地吃起生萝卜，但大家最终都抵制住了诱惑，毕竟他们是大学生，不是棉花糖实验里的幼儿园小朋友。

之后，研究者把大学生带到另外一个房间去解几何题，这些几何题是无解的，真正目的是看他们能够坚持多久才放弃。两组学生的差别显现出来了，研究者发现，曲奇饼组的学生，一般坚持 20 分钟。萝卜组的学生，一般 8 分钟就放弃了，他们成功地抵制了曲奇饼的诱惑，付出了很大的努力，却没有剩下的精力做几何题了。

这个实验说明了什么呢？自控力是有限度的，不能无限使用，像人的体力一样会消耗掉，用掉的越多，向下一个诱惑屈服的可能性就越大，再需要动用自控力的时候放弃得就更早。

自控要操纵、压制或约束自己的思维，这个过程是紧张的，需要消耗能量。比如，你既要不吃零食、不发脾气，又要听话、集中注意力、守规则、认真学习……你从同一个账户提取自控力用于控制不同任务，始终自控，账户必将空虚。就好比各种自控都从同一个油箱里取得能量，时间久了若不加油，油箱必然枯竭。换句话说，过度自控，就像让人一直不睡觉，我们能永远不睡觉吗？显然，不可以。

一、给精神充电

自控力就像蓄电池一样，用了之后要记得充电，否则越用越少，后面就动力不足了。总体而言，我们在生活中需要运用自控力的地方太多，而给自己的自控力充电，就显得十分重要。

| 爱吃零食的学霸 |

小薇是个非常文静的女孩子，又瘦又高，而且是个典型的学霸。对别人来说非常痛苦的学习，在她这里似乎都不叫事儿。

在高二的一次学习经验交流会中，小微终于说出了她的秘密武器——零食。小薇说，学习有时感觉是件比较苦的差事，恐怕对每个人都是一样的，但是你要学会用好自己的方法。比如，你要学会运用自己的爱好与学习协调。她说，自己喜欢吃零食，而且一吃零食就能量满满。

她还说要把握好吃零食的时间和数量。比如，在学习之前吃零食，可能吃完零食就不想学习了。如果把作业写完再吃零食，那么零食和作业被绑到了一起，就把学习变得有点期待了，而且能量消耗掉之后，补充点能量就能再接着学习。

小薇又强调，一定记得不要一次吃太多的零食，一来会伤害身体；二来会失去品味零食的感觉。吃零食的最大意义，就是获得一种吃的愉悦感，目的并不是吃饱。她说，自己之所以那么瘦，就是因为自己属于那种少吃多餐类型的人。

让自己精神放松，让自己回归松弛，是人的一种本性，也是我们给自控力充电的最好办法。比如，做完作业，给自己来点喜欢的食物（不要太多，否则会影响身体发育），喝点自己喜欢的饮料，听一首自己喜欢的歌曲，都是能量补给的好方法。

及时补给能量，让自己放松，一方面是正面强化，可以更好地塑造我们的潜意识，让我们的大脑变得更加听话；另一方面，也让我们的自控力有了良性循环，为下一次提取和运用自控力储备更充足的能量。

二、避免过度、集中使用自控力

在自控力的时间使用上，我们经常会做出非常不合理的安排。有些同学喜欢晚上活动，在晚上给自己安排非常多的任务，比如背诵课文、写作业、弹琴、锻炼身体等。表面上看起来，每个任务在时间上都不冲突，同时也

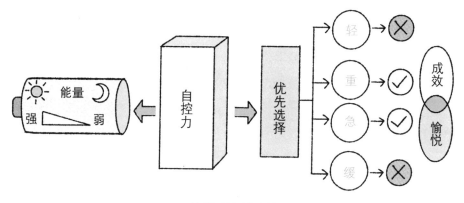

认识"自控力"

能留出充足的休息时间，但实际操作过程中又很难把每件事都在同一个晚上做好。

之所以出现这种情况，是因为不同的学习任务尽管在时间上相互不冲突，但在自控力的使用上却在争夺有限的资源。其结果就是，你想同时做很多事情，往往顾此失彼。

这种集中、过度使用自控力的方式，对自控力的恢复和持续使用来说，都会造成很大的困扰。人的身体包括大脑不像机器那样不知疲倦，它们都是生物体的构造，工作起来并不是无损伤的，需要花些时间进行自我修复。那种过度、集中使用的方式会破坏这种修复能力，让我们不能及时修复损伤。

通常，人们在早上自控力最强，然后随着时间的推移逐渐减弱。这也是为什么人们在晚上特别容易刷手机、晚上特别容易发生争吵、晚上会因为写作业而烦躁、在晚上特别容易吃多的原因。这都是因为在白天透支了太多的自控力，以至于在晚上疲惫时自控力枯竭所致。

我们可以将需要高自控的事情，放到早上去做，将需要低自控的事情放到晚上去做，而不是将很多的事情集中到晚上去做。

三、把自控力用在刀刃上

如果现在有两件事情需要去做，一件很重要很麻烦，另一件不重要也很麻烦，你先做哪一个呢？你就要先做重要的那件事情，因为我们的自控力是由强到弱的，如果先做不重要的那件，可能就没有精力去做重要的那件事情了。

但是，如果同样有两件事，一件很重要很麻烦，另一件不重要但是很有趣，你会怎么选择呢？人的本性会要求你先做那件不重要但有趣的事情。但是，这不是个很好的选择。因为你把有趣但不重要的事情做完，就没有时间或者精力去做那件重要且复杂的事情了。

所以，我们一定要从理性角度去区分面前的任务，合理运用自控。自控是一种集中能量做事的能力，越难的事情，就需要越多的自控，但我们的自控力不是无限的。因此，要事优先，就是说你要把重要的事情放在第一位去做！

在刚开始做事的时候，我们的大脑充满能量，有足够的自控力可以提取，但是人的本性总驱使我们做喜欢的、轻松的、有趣的事情。所以，要先做困难的事情，迈出这第一步非常艰难，我们要让自己去适应。

| 莉莉的改变 |

莉莉是个爱学习的初二女生，但是一直以来学习成绩长进并不大。她跟我交谈，说自己每次回家写作业都要写到深夜。我对此表示非常惊讶。我跟她说，你现在处在长身体的阶段，熬夜是非常不好的习惯，不仅影响长个子，还会影响智力。她看着我，很无奈地说，但是作业的确很多呀，感觉怎么也做不完。

我根据自己的经历提示她。我说，你觉得我作为一个创业人，忙不忙？她说，你肯定很忙啊！我说，但是我从来不熬夜，因为我知道再重要的事情也没有养好精神重要，毕竟第二天还有更加重要的事情要做。反之，长时间熬夜，意味着你第二天的工作或者学习效率会很低，然后就必须再次熬夜，这是一个难以跳出的恶性循环！我们要有一个好方法，不使自己陷进去。说到这里，莉莉似乎明白了什么。我又接着说，虽然你作业很多，时间太少，但是依然有很多方法可以帮助你去解决这个问题。

莉莉问我，有什么好方法可以解决学习时间紧张这个问题呢？我跟她说，一个很重要的原则就是"要事优先"。我解释道，要事优先是指先把需要做的事情罗列出来，按照重要性和紧急程度做好划分，然后先做重要且紧急的事情。这样，我们每天就有足够多的时间去做重要的事情，而不是盲目地做事情。

莉莉听后恍然大悟，原来，一直以来不是自己时间不够用，而是自己没有用好有限的时间。我们常说时间是挤出来的，但是挤出来的时间如果不能得到很好的利用，"挤"也就失去了意义。莉莉回家后就按照我说的方法，先把每天要做的重要事情列出来，然后划掉排位三以后的事情，集中精力做这些非常重要且紧急的事情。

没过一个学期，莉莉又给我打电话，说她的学习成绩实现了质的突破。其中，自己不擅长的数学考到130分，之前只能考到100分，真是进步太大了！她说老师您介绍的方法真的是太厉害了！在电话里听到莉莉激动的声音，我的内心也很愉快。你看，就是这么一个小小的原则，却能拯救一个人长期以来苦恼的成绩问题，知识的力量真伟大！

划掉那些不重要的事情，我们才有更多的自控力去做更重要的事情，才能把我们的事情管理得更好。尤其是，随着你的年级越来越高，你要学的知识就会越多越难，如果再不懂得这个道理，你就会走许多弯路。

第四节　做主宰游戏的王者

提起游戏，我想每个孩子都有话可说，在感觉身心疲惫的时候，游戏如一场甘霖，让我们舒畅不已。但对于游戏这件事，我们的爸妈却常常如临大敌，自己仅仅只是想玩一会放松一下，都被爸妈强行禁止了，难道游戏在爸妈看来真的如洪水猛兽一般吗？

有的同学说："其实也很想学习，但玩起游戏来就会沉浸其中无法自拔，不知道该怎么戒掉游戏？"说实话，要解决这个问题并不难，如果能够明白游戏是如何让我们上瘾的，我们便可以找到应对它的办法。

一、为什么我们总是想打游戏

【填一填】

你的游戏世界

1.你平时玩游戏的时长是 ＿＿＿＿＿＿；

2.你最喜欢玩的游戏是 ＿＿＿＿＿＿；

3.你通常在感到 ＿＿＿＿＿＿ 的情况下玩游戏；

4.当你在玩游戏时，你获得了 ＿＿＿＿＿＿，体验到了 ＿＿＿＿＿＿；

5.你在生活中有过游戏中类似的感受吗？如果有，是什么事情让你产生了这样的感受？

通过上述问题，相信你对自己玩游戏的情况已经有了一定的了解。接下来，再分析一下游戏让我们上瘾的原因。

（一）父母不让玩

我们都知道，人有一种越被禁止越想了解的欲望。

| 不要碰那个东西 |

多多是我在扶鹰游戏课里的一个初二的学员。当我们说到游戏为何让人上瘾的时候，他在课后给我分享了一个他的故事。

他说，他很小的时候是由爸妈亲自抚养的，那时候爸爸生意做得很好，妈妈不上班，所以有很多时间照顾他。妈妈在他很小的时候就告诉他，电有很强大的危害性，那个插电孔里有电，不要碰那个东西！

在被妈妈照顾的那些时间里，多多虽然也对房间里的那些插电孔很好奇，但是从没有尝试过触碰。后来，爸爸生意做得不是太顺利，亏损了很多钱，妈妈也要去上班了。于是，他就被送到了姥姥家。

到了姥姥家，姥姥没有妈妈那样把他看得那么紧。在好奇心的驱使下，他就将小手伸向了房间里的插电孔，结果自己的手指甲就被电打掉了。幸运的是，身体其他地方并没有受到太大的伤害，这次事故结果并不严重。

但是，那个被打坏的手指甲成了多多一生的记忆。

这恰恰说明，当某件事情越被禁止，做这件事情的渴望越强烈。

以前有一个名叫《全民飞机大战》的游戏，规定每个参与者每小时拥有5条命。这5条命消耗完，需要等待一个小时才可以恢复。这个等待的过程更加激发起了参与者玩它的欲望，于是在不知不觉中，参与者便会将大量的时间投入进去。

《全民飞机大战》游戏之所以让我们玩上瘾，主要就在于游戏的被迫停止功能激发了参与者继续玩下去的欲望，而且这种欲望由于被阻止反而变得很强烈。这样的事情在生活中，比比皆是。

| 小朋友立刻停止了按开关 |

记得有一次开会，有个小朋友在我的办公室里不停地按灯光的开关，故意捣乱现场来干扰我们。为避免干扰，必须想办法解决一下。

我就跟所有人说："我们现在换个办公室开会。来，这个小朋友，你负责从现在开始开、关这个灯，一直到中午12:00也不能停下来，然后中午我也不会给你安排吃饭。"

小朋友听到我这样说，却立刻停止了按开关。

如果这个孩子在按开关的时候，被人立刻制止，可能他反而按得更欢。但是，当我允许他按开关，并且让他感觉不得不按的时候，他却会下意识地停下来，觉得再按就没什么意思了。

（二）游戏真的很好玩

像《王者荣耀》这样的游戏，中国约有两亿玩家。这个游戏背后，有个非常强大的研发团队，其中有很多人都有高学历和留学背景。这些极为聪明的人在一起，每天都在钻研一个问题：如何把人的注意力拉到游戏上来？这就要求，一款游戏不管是从故事逻辑、情节设置、角色形象上，还是从道具和环境设计上，都要具有很强的吸引力，能抓住玩家的心，从而达到让玩家欲罢不能的目的。

当越多的人参与到这个游戏中来，游戏就越成功，越具有商业价值。在与游戏的这场战争中，大部分同学都是失败者，因为大量的时间都被消耗在了游戏上，最终都会沦为游戏公司赚钱的工具。

现在，玩游戏的现象在我们身边非常普遍，在有些地方，甚至整个学校和班级都处于沦陷状态，这就导致很多沉迷游戏的人没精神上课，而是专注于游戏之中。

二、游戏让人上瘾的内在逻辑是什么

关于游戏，不仅你自己会玩，全班同学会玩，甚至全世界三分之一的人口都在玩，怪不得游戏公司那么赚钱。

游戏为什么这么好玩？是因为游戏设计者投入了大量的时间和精力，早已经把人们的心理习惯研究得透透的。他们设计游戏的时候会想到，如何让你一步步迷恋上游戏，如何让你对一款游戏持续热爱下去。

游戏让人上瘾的内在逻辑

因此，当一款游戏出现在我们面前的时候，往往你是怎么玩的、怎么想的、怎么一步步陷入其中的，游戏设计者十分清楚。他们会让你走进游戏、迷恋上游戏，而且你都不自知。

（一）虚幻而诱人的目标

玩过《王者荣耀》的人都知道，我们只要努力打小兵、打野怪，就能赚金币，赚了金币就能买装备，买了装备就能提升攻击和防御能力，整个团队推掉对方的水晶就能获得胜利，得到积分，不断累积积分就可以升级。

在这个虚拟游戏里，那种被鲜花、掌声、荣誉包围的感觉是非常美妙的，也是大部分人在现实生活中可望而不可即的，而游戏却轻易满足了的这个需求。但是，想在现实生活中获得这些荣誉，可不是件简单的事情。

比如，你学钢琴，在比赛中，你要是想超越别人，可能超过一分，背后就是无数个日夜的勤学苦练。但是在游戏中，这些荣誉加身的事情，还是比较容易获得的，至少打游戏的过程，不会痛苦。

（二）让人欲罢不能的及时反馈

玩过游戏的人都深有体会，很多游戏一旦上手，根本没有办法停下来，一个小时、两个小时很快就过去了，还常常玩通宵都不觉得累。这里面的一个原因是，游戏有一套非常快的反馈系统：运用电脑的光影技术，你发个"大招"，立刻就有特效，而且非常绚烂；你使用个"技能"，立刻就能看到人物的相应动作，往往非常酷；你杀一个小兵，立刻就能获得经验值，让人惊喜；你通关之后，立刻就会获得奖励……

这种快速反馈系统，能尖锐地刺激人的大脑，让人感受到极大的乐趣。人在快乐的时候，失去了对时间的感知，就沉溺于其中。

（三）轻松入门，让你找到成就感

你知道 iPad 最厉害的地方是什么吗？是两三岁的孩子拿到手，不用教就会玩，这是设计师们费尽心思设计的结果。而游戏在设计的时候，就要考虑：哪怕你从来没玩过它，也可以从第一分钟开始，就爱上这款游戏。

游戏天生就具有很强的商业性和竞争性，它既要同其他太多的游戏争夺有限用户的注意力，又要牢牢地抓住这些用户的心，只有这样，游戏才能赚钱。可以说，在那么多的游戏中，如果这款游戏在第一分钟失去了某个用户，往往意味着它将永远失去这个用户，这对游戏设计者来说，是非常重要的事情。

因此，厉害的游戏，一定是可以让你轻松入门的，并且很快就能带给你很强的成就感，让你在第一次玩时，就无法自拔。

（四）逐渐升级带来的自信和快感

如果玩一款游戏，一路打下来非常轻松，挑战性很低，这样你在技术娴熟之后，就会感到非常无聊。但是，如果这款游戏玩起来太艰难，而且你的技能还很低，你就会感到焦虑，成就感很低，很快就会放弃这个游戏。

所以，挑战升级是一枚关键的鱼饵，能在你掌握基本动作后，长时间地维持游戏的趣味性。很多游戏的设置，总是开始很容易，但随着你的进步，就越变越难，它会一直维持在刚好可以激发你的兴趣，又不会非常难的状态。这样，你就可以体会到游戏逐级升级带来的自信和快感。

（五）未完成的紧张感，让人失魂落魄

当我们还没有完成某一任务的时候，内心会保持警醒的状态。比如，服务员能非常清晰地记住每个餐桌的点单，但当食物一旦送达餐桌，他立刻就会忘记哪桌点了什么菜。游戏也利用了人的这种对于未完成任务的警醒心理，来延续人们对游戏的兴趣。

我们在玩某款游戏时，如果还有未完成的任务，内心会变得不安宁，紧张，渴望一下子把任务完成。但是，游戏设计者不会让我们轻易满足这个渴望，会想尽办法设计需要花费一些功夫才能完成的任务。这样，玩游戏的我们仿佛就是游戏设计者手中的傀儡，在他们的设计下，体验那种由虚拟游戏带来的一次次紧张的、失魂落魄的又不断闯关的循环过程，情感和情绪上获得了极大的满足。

（六）令人痴迷的社会互动

人们都有社交的本能需要，但是现实世界里的社交，往往复杂且充满风险，而且要付出太多的时间和精力。有些人性格内向，不善于交际，更有甚者，由于种种原因，干脆逃避现实世界中的社交。而游戏自带的优势，刚好可以弥补这些欠缺。

但是，人又是需要交流、交际的。如何进行符合自己个人情感需求、个性特征、又不费力的交际呢？有办法，玩游戏！在游戏中，人们进行互动，不用见面，不受环境的约束，而且几乎可以畅所欲言，不受压抑。在游戏中，你也就不会感到孤独。拿《王者荣耀》来说，你除了在游戏里面推塔杀人头，还可以顺便联络感情、撩妹等。你也可以在游戏中拜师收徒，还可以在游戏中和别人建立情侣、闺密、死党等关系。游戏里可以聊天，你们可以互相表扬彼此任务做得好，或是在被强大的敌人打败后互相安慰。一连串的远程互动，玩家会变成朋友，在游戏内外互相支持。

以上可知，在游戏世界里，诱惑力超级强大。游戏本身很精彩，再加上还能拿它来进行社交，它就更成为一把"杀人不见血"的利器。游戏每天都在瓦解我们的意志力，破坏我们的自律性，让我们不知不觉掉进游戏开发商的陷阱里，虚耗青春，沦为别人赚钱的工具，而不能自拔。这难道不值得警惕吗？

三、如何远离游戏的诱惑

如果我们能够像玩游戏那样拼命地学习，就不会产生那么多的学习问题了。但对于很多爱好游戏的孩子来说，拼命学习是做不到的，想从游戏的陷阱中撤退也难以做到，这就需要我们花些心思去面对。

（一）在学习上找到成就感

如果整天想着游戏，我们就会看到很多打游戏的信息，也就无法远离游戏的诱惑。如果能够在学习上找到成就感，那么我们就会少花一些时间去打游戏。

| 我看清了游戏中虚假的成就感 |

我是来自北京的琪琪，一名初一的学生。记得在小学快毕业的时候，我还是一名学霸。小升初，我考上了市重点中学——北京大学附属中学元培班，可以免中考直升高中。那时的我，非常兴奋和骄傲，自然就有些飘飘然了。再加上爱玩《和平精英》这款游戏，于是学习成绩便从年级前 40 名滑落到了 300多名。爸妈为此非常焦虑，看着爸妈焦虑我也很难受。我也尝试过不玩游戏，将手机放在一边，开始学习。但是，满脑子都是游戏的画面，不一会儿又去玩了，根本管不住自己。

今年五一期间，爸妈带我参加了扶鹰的"揭秘游戏真相，做学习王者"课程。参加这个课程之前，我觉得职业电竞选手应该是轻松且开心地天天打游戏的人，我也曾有过当职业电竞选手的想法。但看到我在游戏中被其他游戏玩家按在地上摩擦暴打的惨状，便打消了这个念头。

在我走进了杭州 LGD 俱乐部后，我才发现电竞选手非常不容易：首先，令我大吃一惊的是，职业电竞选手的职业生涯只有短短两三年，之后会面临着许多的问题，如就业等。其次，职业选手的成才率万分之一，比考上清华北大的概率还低很多，淘汰率非常高。再者，职业选手的作息时间黑白颠倒——每天凌晨1点多睡，中午11点多醒。我发现，职业电竞选手每天的训练竟然不是打游戏，而是复盘比赛，发现失误并改正。打游戏很有趣，但是做这些事情却无比枯燥。还有，作为职业电竞选手，不仅每天要有十几个小时的训练，竟然还要拼天赋，并且天赋还是最重要的。普通人的天赋，根本达不到要求，就是说想成为电竞选手，你必须是这方面的天才。

在 LGD 俱乐部，有给我们测试电竞选手天赋的环节，我成功通过了第一轮测试。我特别兴奋，心想：难道我还是打游戏的料？但是，在第二轮测试时，我的分数非常低。通过测试我明白，自己的天赋和电竞选手的天赋差得非常远。

我卸载了手机里的《和平精英》，我不能沉迷在游戏里了！我明白了我平时打游戏的水平，以及做电竞职业选手的这个想法多么荒唐。我知道了游戏中这种快感的虚假，以及要为此付出的巨大代价。要是想让自己有成就感，让自己获得长久的快乐，一定不是游戏，而是学习。因为学习不仅有用，还能给我们的人生赋能，让我们快乐得更长久。

琪琪在小学是个学霸，说明自身资质不错。但是，后来接触到了游戏，一下子沉迷其中，不能自拔，学习成绩也一落千丈。这是因为，他的大脑被游戏占据了，哪还有学习的心思。这堂游戏课让他看到了游戏的真相，看到了自己沉迷游戏的原因，看到了自己被虚假的成就感给操纵了。因此，清醒过来的琪琪，从根本上认识到了只有不断学习，用知识填充大脑，才能避免游戏的干扰。

那我们如何在学习上找到成就感呢？

| 奇妙的多巴胺与内啡肽 |

大脑会分泌一种激素，叫多巴胺。多巴胺会刺激我们产生不断想做一件事情的欲望。大脑也会分泌另外一种物质，叫内啡肽。内啡肽类似镇定药，可以起到镇定作用，从而让人产生快乐的感觉。

科学家发现，有些偶尔能让人快乐的事情，会刺激多巴胺的分泌，从而让人不停地想要去做这件事情。我们在从事艰苦的工作之后，身体会分泌内啡肽，来缓解肉体的疼痛，这种激素也会让我们产生快乐的感觉。

比如玩游戏，会刺激大脑产生多巴胺，多巴胺刺激我们的神经，让我们不停地从事打游戏这个活动。但是，在某种程度上，即便打游戏伤害到了眼睛，让我们的身体已经很痛苦了，多巴胺依然持续分泌，刺激着我们继续打这个游戏。这就是我们玩游戏会上瘾的生理原因。玩游戏并不能让我们真正快乐，但是受到多巴胺的刺激，我们依然会持续地玩下去。

就学习来说，如果我们坚持刻苦学习一段时间，大脑会分泌内啡肽这种物质，来缓解我们身体的感受，同时也会让我们更加快乐。这往往是一种真正的快乐，内啡肽就像一个奖励一样，给我们补充能量。

如果把多巴胺比作欲望，那么内啡肽就是理想。欲望让我们不停做某件事情，但是并不能带来真正的快乐；而内啡肽让我们经历痛苦之后，获得一种收获的快乐。

很多时候，我们打游戏，打着打着，游戏已经不能让我们获得快乐，而仅仅是多巴胺刺激着我们依然去做这个事情而已。我们沉浸在游戏里，眼睛和大脑都受到伤害，本来应该用来写作业的时间也被消耗掉。所以，当我们每天放学回家要做的就是，把手机放到自己够不着的地方，让它不再刺激我们产生多巴胺这种会让我们不停打游戏的激素。

并且，我们应该在学习上找到一些能够获得小的成就感的方法。比如，先做比较简单的题目，让自己体内产生一些内啡肽，令自己快乐一些。或者，写作业的时候，把字写得漂亮些，自己越看越想看。或者，查看一下那些你解答得非常完美的题目，让自己产生很强的成就感。

当我们在学习上获得了小的成就感，就会觉得学习有意思；当某一次考试考得很好，我们就会获得内啡肽带来的欣喜感，就会在学习上取得成就感。如果你能持续地在学习上获得成就感，那么游戏自然就离你越来越远。

（二）请家庭成员监督自己

坚决戒断游戏，使自己更加好好学习，还必须借助外界的力量，这一点也非常重要，因为外界力量的介入，会促进我们坚定戒断游戏的意志。比如，我们可以召开家庭会议，制定规则，形成良好的家庭氛围。

你会问："为什么要让家庭制定规则呢？"这是因为家庭这个环境对我们的影响非常大，我们有很大一部分时间是在家里度过的。如果家庭成员制定规则，大家都去遵守，这种监督作用是强大的。

| 我的减肥方法 |

我在今年上半年决定要减肥，于是，我加入了一个"万步"群。

这个群要求成员每天走 1 万步，如果做不到，就罚 400 块钱的红包，发到群里让大家来抢。

其实，在这之前，我做过许多计划，但都不了了之。这是因为缺少一个监督我的群体，所以我就加入了一个。刚开始是无所谓、漫不经心的状态，但是被罚过一两次之后，我就开始非常认真地完成每天万步的目标了。

与此同时，身边也多了很多朋友的监督，随着时间的推移，自己逐渐养成了控制饮食、锻炼身体的好习惯。3 个月下来，我的体重减了 12.5 公斤。

在学校，我们受到老师和同学的相互监督，自然形成了良好的学习氛围。但是放学到家，脱离了学校的环境，很多同学就感觉没人管了，彻底放飞自我痛快地打游戏。这就需要父母像老师和同学那样监督我们戒除游戏这个瘾。

召开家庭会议，制订规则，可以指导父母有规则、有重点地监督我们的行为，帮助我们改正不良习惯。人天生都具有惰性，多一些人监督我们，我们就可能很好地改掉不好的习惯。

千万别忽视了家庭这个集体的力量，你的父母也是你很好的老师和同伴，也让他们来帮助你养成良好的习惯吧。

习惯养成示范表：监督游戏表

习惯目标：_____ 戒游戏1小时_____

日期	目标任务	完成度	打卡	惩罚	监督人	备注
1月1日	戒游戏1小时	100%	√	/	小明	
1月2日	戒游戏1小时	50%		给小明买早点	小明	
1月3日	戒游戏1小时	100%	√	/	小明	
1月4日	戒游戏1小时					
1月5日	戒游戏1小时			以此类推		
1月6日	戒游戏1小时					
1月7日	戒游戏1小时					

监督规则：

每满 10 次连续 100% 完成目标任务进阶到下一监督阶段，由监督人发布奖励。

同学们也可以找个小伙伴，互相来玩监督游戏，一起进步哦！相信你在他人监督和自我监督之下，一定会成为一个积极上进、执行力强的优秀的人。如果你觉得自己在拒绝游戏这方面还需要努力，下面的这个戒除游戏清单也许可以给你提供更大的帮助。

戒除游戏清单

1. 想象一下，如果你是一个游戏设计师，以你最喜欢的游戏为例，你会怎么设计它？如果要通过这一设计，达到让你上瘾的成效，你会怎么做？

2. 当你在一款游戏中获得快乐的时候，想一想，是什么让你欲罢不能？分析一下这款游戏吸引你的地方，找到自己沉迷其中的原因。

3. 制定游戏规则，并执行下去。

4. 我在什么事情上容易沉迷：_____。从这些事情中，我收获到了：_____；我失去了：_____。

5. 写下自己的目标：

为了控制自己玩游戏，我能够做到：_____。

不打游戏的时间，我准备做：_____。

第五节　给情绪一个出口

对我们来说，除游戏之外，另一个难以自控的大问题是情绪。在心情压抑的情况下，是没有心思和足够的力气去学习的，更不可能把学习搞好。

一、情绪是个大问题

在生活中，处在矛盾之中的人们，情绪激动的时候，就可能大打出手；面对考试，当我们情绪高昂的时候，就可以斗志如牛。为什么会这样呢？

（一）情绪会造成严重后果

情绪问题不仅会影响到我们的学习成绩，严重时还会危及生命和健康。尤其是处于身心发育阶段的青少年，冲动有余、理智不足，可能会因为某些问题，给自己一生带来影响，学会处理自己的情绪问题非常重要。

| 花季少女不幸被毁容 |

2010 年，合肥 16 岁少女小周为了躲避 17 岁男生陶某的追求，转学到另外一所中学，但也未能阻止陶某的骚扰。为了躲避他，小周还一度休学在家。2011 年 9 月，小周重回学校读书，但不到一个月悲剧就发生了。

2011 年 9 月 17 日，陶某因求爱不成，遂将汽油泼向小周，并点火抛向小周，还不停地叫嚣："去死吧！"小周痛苦地惨叫，面部、颈部、胸部严重烧伤，一只耳朵也烧掉了，整体烧伤面积超过 30%。

后来，经审理，法院以故意伤害罪判处被告人陶某有期徒刑 12 年零 1 个月，并承担民事赔偿 172 万余元。陶某小小年纪，却被送进监狱，他这一生都将因严重伤害他人，遭受内心的谴责和折磨。

在生活中，由于情绪问题导致的恶性事件，也会经常发生。就像案例一样，由于情绪激愤，陶某采取了十分极端的行动，花季少女，面容被毁，而他自己也深陷牢狱之灾，真是害人害己，教训惨痛！

既然情绪有时候就像猛虎下山一样凶猛，杀伤能力如此强大，那么情绪在本质上，究竟是个什么东西呢？

要回答这个问题，我们先来看看下面三个问题：

1.在原始森林里，如果遇到一只老虎，你会怎么做？

2.你第一次得奖的时候，大概是什么心情？

3.请你计算一下 15 + 36 + 45 = ？

如果你思考过，会发现第一个问题的答案当然是跑！跑得越快越好！第二个问题的答案可能是，心情很愉悦、兴奋或者激动。第三个问题的答案是 96。

第一个问题的答案，实际上是我们的本能反应，它来源于我们的动物脑（也称爬行脑），用迅速的反应保护自身的安全。

第二个问题的回答，用的是我们的情绪脑，这个大脑"非爱即恨"。当情绪乐观的时候，我们会很开心；当情绪处于悲观状态时，我们可能会充满恐惧，感到压抑。

第三个问题的回答，用的是理性脑，就是我们经常讲的学习脑，用来思考和解决问题。

只有在我们第一个大脑，即动物脑处于安全状态时，以及情绪脑处于非常乐观的状态下，我们第三个大脑（理性脑）才会正确地运转。这也就是我们所说的，在压抑的状态下，我们是不可能搞好学习的原因。

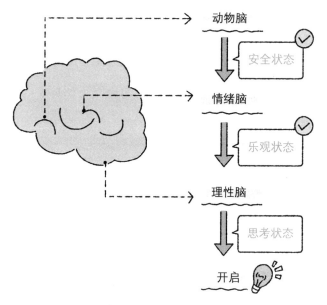

开启思考状态的大脑三部曲

| 人类的三个大脑 |

约 3.6 亿年前，地球进入了爬行动物的时代，它们演化出了最初的"动物脑"。动物脑结构简单，只有一个原始反射模块，可以让爬行动物对环境快速做出本能反应，如遇到猎物就捕食、遇到心仪的异性就追求、遇到危险就战斗或者逃跑等。它们的行为遵循"本能模式"，既没有情绪，也没有理智，如蛇、鳄鱼、蜥蜴等。

约 2 亿年前，哺乳动物出现，进化出了不同于爬行动物的"技能点"，比如体温保持恒定、出现情绪反应等。哺乳动物的大脑里发展出了一个独特的情感区域（边缘系统），称为"情绪脑"。哺乳动物有了感知情绪并表现出反应的能力，大大提升了生存优势：如恐惧情绪让它们远离危险，兴奋情绪让它们专注捕猎，喜悦情绪让它们增强同伴间的亲密度等。

约 250 万年前，人类从哺乳动物中脱颖而出，在大脑的前额区域进化出了"理智脑"的雏形，这个新皮层直到 20 万年前～7 万年前才真正成形。"理性脑"是一个无与伦比的脑区，让人类产生语言、发展科技、创造艺术、建立文明，从此在地球上占据了绝对的生存优势。

（三）好情绪与坏情绪

情绪对我们的影响非常大，要想进入一个好的学习状态或者好的生活状态，首先要让自己处在一个非常安全的环境，同时调整好情绪，处于一种乐观的状态。

如果我们情绪低落，学习状态就会非常差。而如果我们情绪高昂，再艰苦的事情也会成为一种乐趣。如果我们每天都哼着小曲去上学，相信情绪一定非常愉悦。好情绪，会激发创造力和努力向上的心态，让我们有更强的学习乐趣。由此可见，要激发自己的状态，情绪调整非常重要。

| 踢猫效应 |

有一天，一个老板把员工给骂了一顿，这个员工非常气愤，回到家后将情绪转嫁到了孩子身上，看孩子怎么都不顺眼，于是就把孩子痛骂了一顿。

结果，孩子关起门来把猫踢了一脚，猫逃了出去，跑到马路上。路边开的车为了避免撞到这只猫，紧急转弯，结果撞到了这个老板。

老板怎么也不会想到，他只是批评一下员工，最后车撞了自己。这些看似互不关联的事其实又有某种必然联系。

情绪也有很大的传递性，在生活中，我们无论是跟同学相处，还是跟父母、老师相处，发生情绪上的冲撞，几乎不可避免。坏的情绪不光影响学习状态，还会传染，有的时候还会酿成大祸，就如本章开头我们说的公交车坠江事件。

事实告诉我们，人不应该有负面情绪，但现实生活中，人的负面情绪又是不可避免的。为了不让负面情绪影响我们的成长进步，我们需要具备强大的情绪管理能力。

二、如何管理自己的情绪

情绪的好坏对我们的学习成绩，乃至于对我们的健康成长有直接的影响作用，我们必须学会正确地管理情绪。

（一）学会体察自己的情绪

管理情绪，首先要学会体察自己的情绪，明白我们的情绪究竟是怎么回事，好情绪与坏情绪产生的原因在哪里，这样才能更好地从源头上处理自己的情绪问题。

比如，你特别渴望去参加一场篮球比赛，而你的父母却怎么也不同意，你们之间由此引发了强烈的情绪冲突。这姑且不论你和你父母的对与错，此刻，你需要体察一下自己的情绪是否处在不理智的状态，这个体察过程也可以帮助自己冷静下来。

试着回想一下，你的情绪感受是什么？你的身体感受又是什么？你可能有点失落，有点伤感，有点气愤，或者有点愤愤不平。你的身体可能处于紧绷的状态，甚至有点麻木，或者局部有点痛，当你能够回归到这种对身体和对情绪感受的体察，你就处于一种非常好的知觉状态。这就有利于你更好地理解自己的感受。

| 请给自己按一下暂停键 |

小明非常喜欢打游戏，学习不是很好，爸爸妈妈非常反对他玩游戏。在家里，父母经常因为打游戏这个事情跟他吵架，甚至把手机从他手里夺过来，也无济于事。爸爸妈妈因此特别烦恼，小明也因为爸妈的管制感到特别别扭。

有一次，期末考试结束，小明的考试成绩非常差，心情郁闷，就待在自己的房间里打游戏。爸妈知道他的成绩后，又看到他还在打游戏，就非常愤怒。于是，一场新的吵架风波就此拉开，家庭氛围异常紧张。

要是按照以前，肯定又要吵很久，最后有可能是手机被夺走，小明关上门自己待在房间里。但是，这一次，当吵架吵到激烈的时候，小明突然想起了老师说过的话，如果你处在情绪失控的时候，不妨给自己按一下暂停键。于是，小明强忍着怒气，让自己停了下来，然后试着感受自己的身体变化，听自己的心跳声。父母见到小明冷静下来了，觉得有些奇怪，也瞬间跟着停下来了。于是，原本吵闹的家，瞬间安静下来。

而那一刻，小明脑子里的愤怒情绪也有了转变。他开始回想自己为什么和父母吵起来，以及父母为什么指责自己。爸妈似乎也感觉到了什么，也不再继续刚才的话题。小明站在那里，开始变得平静，不像以前一样激动了。

就这样，原本又会是一场很大的吵架风波，最后因为小明的瞬间停止而平静，小明和家长似乎都从这次家庭矛盾中感觉到了什么。

小明因为想到老师的话，在一瞬间，给自己按了一个"暂停键"。他的愤怒情绪也在一瞬间冷却下来。然后呢，他就会体察自己的情绪，感知情绪问题的真实原因。这样就避免了一次大的争吵。可以想象，很可能他也因此逃过一个大的灾难。就像曾经有个父亲夺了孩子的手机扔出楼外，结果孩子也跟着手机跳楼了一样，后果非常惨痛。而此刻，小明一家完全平静了。

（二）改变想法，将情绪表达出来

在情绪突然来临之时，我们需要改变习惯性的想法，因为我们的第一反应往往是本能反应，但本能反应不一定是正确处理问题的方式。请注意区别本能反应和处理问题的方法，它们完全不是一回事。很多人之所以不能很好地处理情绪问题，就是因为往往用本能反应代替正确的解决问题的办法。

如果此刻，我们改变自己的惯常想法，把自己从那种心境中带出来，并且将自己的想法合理地表达出来，相信对方一定可以表示理解和接受。这样，我们可能就会避免很多大的争吵和冲突，让争吵和危机朝着有利于我们的方向化解。

| 不发脾气的妻子 |

在扶鹰，有一位女讲师，因为工作经常飞往全国各地。

有一次，她正准备出门，不停地跟丈夫说："老公，饭已经做好了，在电饭煲里。"丈夫"嗯"了一声，正在忙着玩他的游戏。她又说："老公，衣服已经收好了，放在衣柜里。"丈夫还是"嗯"了一声，依然在打他的游戏。

她感到心情非常失落，当她拖着行李箱正准备出门的时候，丈夫"咚咚咚"地跑到门口。她以为丈夫来送她，刚开始还惊喜了一下，没想到丈夫只是冲到洗手间上厕所，依然没有太搭理她。她就带着沉重的心情拖着箱子下楼了。

她想起丈夫当年对她是多么的好，可今天对她已经"不理不睬"了。但是，她没有压抑情绪，而是把这个想法通过微信发给了丈夫。她说："尽管你知道我经常出门，你可能也对我很放心，但是我依然希望在我出门的时候，你能够送我一下，让我感觉到有安全感。"

这个短信发出之后，丈夫立刻就打来电话说："老婆，对不起，我今天真的给忘记了。"

在整个过程中，这位女士不是以发泄情绪的方式来表达，而是体察和描述自己内心的情绪，以此赢得了对方的支持和理解，收获了一个幸福的家庭。

如果这个女士按照惯常思维，对丈夫大发脾气，并且训斥丈夫对自己的冷淡态度和行为，结果可能就是丈夫对妻子更加反感，反而会对她更加冷淡和厌烦。那么，一个好好的家庭，可能就因为这一点小事而产生无穷尽的矛盾。

由此可见，正确地表达情绪，表达正确的情绪，是一项重要的技能，而改变想法是其中的关键步骤之一。如果父母不允许去打篮球，你可以跟父母这样说："我理解你们可能担心我，因为打篮球比赛会耽误学习，但是我真的希望你们，能尊重一下我的想法，而不是盲目地拒绝。我之所以去打篮球，是因为我已经安排好了自己的学习，并且我会控制打篮球的时间的。"

你只有试着把被父母拒绝后内心的失落感和对此事的态度恰当地表达给父母，才能让父母更好地理解你，这样一来，你们之间的沟通就很畅通了，父母可能也会同意你去打篮球了。如果你不去好好地沟通，最大的可能就是，你们之间的矛盾越来越升级，最后不可收拾。而上述案例中的那位女士，因为改变了想法，把自己的情绪通过理性的方式说出来，通过非常柔和的方式获得了丈夫的理解，反而让夫妻关系更进了一步。

（三）让坏情绪释放出来

当内心积蓄了很多情绪的时候，需要给情绪提供一个出口。这就好比在生活中，我们要不断清理垃圾，保持家里干净整齐一样，让坏情绪有一个合理的去处，我们才能得到释放与宣泄。

1. 设置情绪角

环境对我们的影响是巨大的。我们可以给自己找一个固定的地方，当有负面情绪的时候，就到这个固定的地方，让自己发泄情绪，这样可以很好地帮助我们处理情绪问题。我们把这个环境称作情绪角。

当产生情绪的时候，可以先离开当时的环境，把自己放进情绪角里面，去发泄自己的坏情绪。这个情绪角可以是家里的洗手间，也可以是阳台、书房等地。一旦你产生了不好的情绪，就让自己去"情绪角"待上一会。让自己离开原有环境，等情绪逐渐平复下来的时候，再尝试了解内心真正的需求，试图问问自己：是什么让我感到了不舒服？我的感受是什么？我希望我怎么做？希望对方怎么做？只有知道了这些问题的答案，我们才能明白触发情绪的源头。

2. 做情绪管理清单

管理情绪需要好的方法，但是无论再好的方法，如果不拿出来应用，想再好都无济于事。在生活中，往往我们在冷静的时候，会想出很多的方法来应对坏情绪，而一旦情绪发生，就忘得一干二净，一点都用不上。

所以，应该把适合自己缓解情绪的方法写出来。这样，坏情绪发生的时候，我只要按照清单照着做就行了。一来，当坏情绪来临的时候，我们可以知道应该怎么做；二来，这个清单也可以时刻起到提醒的作用，提醒我们不要随便发泄坏情绪。

情 绪 清 单

当我难过的时候，我会：

——给自己买一只巧克力冰激凌

——洗个热水澡

——哭泣

——找人倾诉

——深呼吸

当我愤怒的时候，我会：

——打沙包、摔枕头

——运动

——大声喊叫

……

这样，当发生坏情绪的时候，我们就能用一种理智的态度去应对它。比如，当自己有坏情绪的时候，到操场小跑一会，把多余的能量消耗掉，这样就没有多余的能量去发泄了，是很好的方式。有个清单在，我们就能避免自己被坏情绪所操控。

（四）主动承担坏情绪带来的结果

虽然已经想尽一切办法来应对自己的坏情绪，但是我们依然会在一些无法预料的场合失去理智，做出一些我们无法预料的事情，产生不好的结果，给自己造成坏的影响。此时，我们就要学着去主动承担后果。

主动承担后果，既能给自己一个深刻的教训，让自己铭记一定不能再犯这样的错误，从而避免以后犯类似错误；又能培养责任感，让自己变成一个有责任感的人，因为我们懂得自己要承担后果，这个后果对我们来说是痛苦的。

最重要的是，主动承担后果，是对当时情形的一个极好的处理措施，可以及时止损，化解当前的困局，防止出现更大的灾难，这一点我们一定要记住。

比如，当我们愤怒地想打对方的时候，不妨默念"我先冷冻10分钟"，然后让自己冷静10分钟。也许10分钟之后，我们就会明白自己错在了哪里，便会去主动道歉，然后问题就被化解掉了。

| 一步之遥 |

有一位同学，本来是班上的学霸，数学成绩名列前茅，却因为一次跟老师产生了情绪上的对抗而厌学，从此成绩一落千丈。

一次交作业时，他发现自己因大意忘记做作业了。因此遭到老师的批评，他感到很不开心，于是就带着负面情绪跟老师产生了冲突，最后老师惩罚他回去把作业再做5遍。

他没有照做。这让老师非常生气，就对他说："我罚你做50遍，如果不做就把你爸爸叫来！"后来他爸爸被叫到学校，当着全班同学的面，把他的书包扔到了他的脸上。他眼泪直流，内心羞愧，只能默默地坐在那里。从此以后，他对作业望而生厌，负面情绪越积越多，学习成绩一落千丈。

在案例中，如果在跟老师发生冲突的那一刻，男生能够主动承担责任，化解情绪，或者主动正面表达情绪，及时止损，就不会发生后面一切的恶果。但是，他并没有积极化解，而是选择了抵抗，这样仅仅因为一次忘记写作业，就产生了一连串的悲剧，最后影响到自己的学业前途，说来也是很可惜。

所以，一个会处理情绪的人和一个不会处理情绪的人，在面对同一件看似微不足道的事情时，结果会有巨大的差别，而这个差别对人的影响可能是无法挽回的，甚至是终身性的。

| 会道歉的男生 |

有个男生，他第二天来参加我们的活动的时候，座位被重新调整过，但他并不知道，于是他就去寻找原来的座位。结果，在这个座位上的那位同学并没有让他，他们之间便发生了矛盾，两个人因为座位争执起来。

之后，我把他叫到了我的办公室交流。当他冷静下来，也知道自己错了的时候，我就建议他：我们要主动去认个错。他点头同意了。

我带他站上了讲台，当众给同他抢位子的那个同学道歉。当时，全场响起雷鸣般的掌声，甚至有一位家长，拿出了口袋里的钱塞进一个红包递给了他。

从此，他便发生了非常大的变化。他由于认错的行为得到了正向肯定，从中体会到了承担责任的快乐，本来和同学关系处不好的他，在半年之后，就以70%的得票率，当选为他们班的班干部。再后来以优异的成绩升入了重点高中。

我们在什么时候会发生什么样的情绪，往往很难预知，但我们知道不积极、非正面的情绪很可能会给他人和自己造成伤害。如果你具备主动承担情绪带来的后果的能力，你在成长过程中会避免很多麻烦，减少很多阻力，更可能会在与不良情绪一次次的斗争中越战越勇，节节攀升，健康成长。

5

第五章

有主见才能站高看远

■ "唐宋八大家"之首韩愈曾说："能者非他，能自树立，不因循者是也。"我们的成长，是自我意识不断觉醒的过程，是我们成为一个独立个体的必经阶段。这也意味着我们逐渐脱离父母，走向独立生活的开始。

在这个阶段，我们虽然还需要父母的指导，但是在某些地方，我们应该自己做判断，学会承担责任。做一个有主见的人，我们才能成长得更好，将自己的人生道路看得更加清晰。

第一节　怎么看待长相这件事

我们总是会听到周围人对自己长相的评价，经常会有同学因为长得胖、长得矮、皮肤黑、长痘痘、长得不好看……而自卑。为什么会这样？长相真的那么重要吗？

"我不能再吃了，真的太胖了，怎么办？"

"我脸真的好黑啊。"

"真羡慕你，我要是有你那么高就好了，我太矮了。"

"我最近脸上又冒了几颗痘痘唉，出门都得戴口罩。"

我们可以感受到，长相还挺重要。长得好看的人，确实有很多无形的优势，他们会获得更多便利和善意，网上就有这样一句话："你长得好看，你说什么都对！"

小孩子好看，哪怕再淘气都有阿姨掐掐小脸蛋，说一声这孩子真可爱。上学时好看，无论何时都有人喜欢，经常会收到情书和零食……

虽然长相很重要，也确实可以给我们带来很多好处，但是长相并不代表一切。除了长相之外，我们还有很多需要努力的地方。而这些方面，如果做得好，能弥补长相的不足。所以，如果长相不好，大可不必自寻烦恼。

一、长相很重要，内在美更经得起考验

见到一个人，往往首先看到的是他的长相，长得好看的人让我们看着很愉悦、很舒服，这是重要的第一印象，也是为什么长得好看的人会占些优势的原因。但是客观情况是，大多数人都长相一般，而且长相不大容易被改变。那我们该怎么看待长相这个事实呢？

（一）人们会看脸，但是并不绝对

以前，经济不发达，人们生活水平低下，解决温饱问题都很难，也没有什么化妆品可用，自然对长相看得较轻。随着经济发展，人们生活水平提高，吃饱穿暖之余，审美需求也在提高，各种需要"出镜"的新行业纷纷出现，尤其是智能手机等相关技术和设备的普及，让那些没有什么技能，却靠俊美的长相就能成为网红的人，赚得巨大财富。这加重了人们对美貌的渴望。

那是不是意味着，这就是一个看脸的时代呢？可以说是，也可以说不是，这跟我们所处的环境有很大关系，也涉及我们是如何看待长相这个事情的。下面的例子也许可以把这个问题说清楚。

有这样一个故事，在扶鹰的线下课程里，我经常拿来给学员分享：

有两个女孩到亲戚家串门：一个五官精致、皮肤白皙、又瘦又高，长得非常好看；另一个则长相普通，没有什么特别的，一般人而已。

对于长得好看的女生，亲戚们都会夸她漂亮，大家往往一眼就能瞄出很多优点，比如眼睛很大、睫毛卷翘，长得像画中人一样，真是个美人坯子。而对于长相一般的女孩子，大家也不知道该夸什么，对她就不怎么关注。

结果就是，被夸耀的人兴高采烈，被冷落的人沉默孤寂。

可见，看脸在现实生活中，是非常普遍的现象。人们在婚恋上，往往更倾向于找一个好看点的对象，有的人甚至对美貌"百挑不厌"。但是，人们也并不是绝对都看脸，因为社会上还有很多的事情，是要靠实力来完成的，在很多领域，脸长得如何根本不重要。

比如，你去做一个金融分析师，你的学历、行业经验、逻辑思维能力、眼界和格局、资源和人脉，其中任何一项都比你的脸长得如何重要，因为任何投资家都不会把自己的钱投给一个"花瓶"。

（二）内在美更经得起考验

我们都清楚，影视剧中的男女明星，男女主角，基本都是长相好看。但是，也有很多长相一般，甚至很丑，却被大家喜爱的明星，他们凭借自己的表演实力（或者说内涵）征服观众。

| "对不起观众"的男主角 |

影视圈里的实力派影星黄渤，是有名的"三无"男人，"无美貌""无肌

肉""无身高"。他的外在形象，经常被家长拿来鼓励自家孩子说："你看这样的孩子都行，你一定行！"

曾经有位副导演看不上他，当着他的面跟导演说："你这不是胡闹吗？他哪能行？"导演转身就走出门，还责备带黄渤来的人说："你怎么能乱找？这什么人这是？"

在靠脸吃饭的娱乐圈，黄渤的长相无疑是他成功最大的绊脚石。但是，黄渤用艰辛和汗水，完成了别人眼中几乎不可能的跨越。现在，黄渤凭借自己的表演实力，赢得了无数荣誉，成为票房和口碑俱佳，深受百姓喜爱的演员。黄渤曾经自嘲说："我成为男主角，真的有点对不起观众。"

在娱乐圈，黄渤的长相也经常被人吐槽和嘲笑，小 S 就曾经调侃黄渤说："你长得很特殊呀。"黄渤回应说："一开始我还是长得蛮婉约的，后来就变得很抽象了。"

有一部电影，闫妮和黄渤演夫妻，在接受采访的时候闫妮就吐槽说："我跟你演夫妻呀，我从此就要走向丑星的行业了。"黄渤接过话茬说："我跟你演夫妻呢，我觉得我可以走向帅哥的行业。"

还有次宣传电影时，有观众问黄渤："为什么海报上其他人都是睁着眼睛，只有你闭着眼睛？"黄渤自黑说："主要是我睁着眼睛和闭着眼睛其实也没什么区别。"

如今的黄渤已经是圈内的大腕儿，粉丝无数。经历过岁月洗礼的黄渤以他独有的内在美，征服了更多的人。这说明，人的外在美是重要，但是内在美更能经得起时间的考验。懂得这个道理之后，当别人嘲笑你的长相时，你就可以自我调侃，用时间去证明你的实力和美了。

在交朋友的时候，长相可以为我们赢得先机，但是内在美更能经得起考验。如果选择一个漂亮的人交朋友，可能前期非常开心，但是后面如果我们发现这个人有很多坏习惯，或者说性格非常不好，即使长相再好，也很难继续交往下去了。反之，如果有个长相一般优点很多的人，你会发现跟他相处起来，感觉既轻松，又能带给我们帮助，会更乐意跟他长期相处。

二、坚决不做"空心花瓶"

我们见过很多这样的女孩子，才十几岁，就化着很精致的妆容，穿着十分漂亮和昂贵的衣服，而且每天大部分时间还在琢磨，怎么让自己更漂亮一些。但是，她们不怎么关心学习，不仅对学习没有兴趣，更没有心思去管理自己的学习。想一想这样的孩子，我觉得挺可惜。

｜ 让妈妈"骄傲"的小模特 ｜

我有个朋友，很骄傲地跟我说："王老师，我的孩子特别优秀，尽管才11岁，但是已经是有名的小模特、小童星，每次出场费可以拿5 000块钱。"这个孩子就读的学校里贴的尽是她的画报。

有一次，这个朋友带她的孩子来线下听我的课程。跟我见面的时候，我发现这个女孩表现得非常高冷，感觉对什么都不屑一顾。我心里就想，一个11岁的孩子如此清高，可能是在过往的时间，她的光环和荣誉拥有得太多了。

于是，我把这个朋友叫到一边，非常严肃地跟她说："你成功地把你女儿培养成了一个花瓶。"她当时还非常诧异，反而说：我女儿这么优秀，怎么会是个花瓶？我说："这个花瓶外表看起来很华丽，但是内心却是空心的，而且内壁还很粗糙，一点也不光滑，最关键的是，这个花瓶估计一敲就碎。"

如果太在意外表，就很容易忽视对自己内在的培养，而成为一个"花瓶"。花瓶的特点就是，外表绚丽，却空虚脆弱，往往一碰就碎。在现实中，很多长得好看的女孩子，并没有别人想象中那么自信，往往经不起一点生活的波折，也很难适应环境的变化。

这是因为，真正的自信不是靠外在有多强，而是来自于对自己的接受程度，能够接纳自己的不足。有些长得好看的人，由于长期持有一种"比别人好看"的"优势"心态，变得很难接受自己的不足，一旦发现别人比自己好一点，或者别人有什么比自己更好，就容易陷入强烈的自卑之中。

别人跟我们相处，往往会像剥洋葱一样，一层层剥掉我们的外表，最后看到我们的内核。我们跟别人相处，也是由远到近，由陌生逐步到互相了解的过程。这个过程就像我们前面讲的剥洋葱模型一样。

| 我们是如何了解一个人的 |

你一定有刚认识的朋友，可以回想一下跟他认识的这个过程。

跟一个人接触，会首先看到这个人的穿戴。他穿着如何，我们一眼即可分辨，而且还会有强烈的印象，比如是穿着高雅，还是搭配很糟糕。然后，跟他交谈，我们会看到这个人是否有亲和力，是否有很好的知识修养。这时候，可能还都是表面化的感受，不足以说明这就是一个什么样的人。

我们通过再深一个层次的接触，会知道他的学识、职位，甚至是财富状况，这就是他的资历，往往代表着他的过去和社会地位。如果再接触下去，我们会了解到这个人的价值观、信仰，对这个人有了整体性的认识。

最后，我们可以看到他的内核，就会了解一个人的内在品质，比如他是否够自信、够乐观、够自律等，他为人是否真诚，是否有过不光彩的过去，以及他对人生未来的设想等更多的信息。而藏在他身上的这些品质，才是我们能否跟他长久做朋友的最核心因素。

如果他的品质内核不好，或者他只是一个花瓶，那么我们跟他的相处也不会是愉快的。我们通过一段时间的了解，一定可以判断出你对面的这个人究竟可不可以深交。

如果你是一只"花瓶"，别人跟你相处，通过一步步了解，就会发现你粗糙的内壁。比如，你因为自己长相不错而生出的高冷，你因为长期被人夸赞而形成的傲慢态度，你因为太在意自己的外貌而养成的敏感心理，以及你因为自我感觉良好而散发出来的对这个世界的不屑，都会让你拥有一种爱抱怨的负面心态。这样会让别人感觉你太高傲、太冷淡、太狭隘、太孤僻，从而远离你。而你也会因为自己一时处境的不顺，就更加抱怨世界的不公平。这就是很典型的花瓶心理。

在现实生活中，很多父母尤其是年轻父母，会在不知不觉中培养子女的"花瓶"气质，比如太在意孩子的外貌，却很少注重培养孩子的意志品质，从而使孩子小小年纪就爱慕虚荣。就像前面提到的那个小模特，目空一切，对此如果不加以纠正，将来她长大以后性格多少会存在某些问题。

三、养成内在美，提升外在美

人的美，是一个外在美与内在美合构而成的统一体。外在美，也不局限于人的脸蛋长得如何，还包括着装、气质和身材。内在美则包括是否自信、思想是否开阔、道德是否高尚，等等。虽然我们的脸型不容易改变，但是我们的装扮、身材、自信、品位、道德水平，却是可以通过精心修炼来改变和提升的。

（一）保持积极乐观的情绪

有些长得挺好看的孩子，总是摆出一副高傲的样子，给人拒人千里之外的

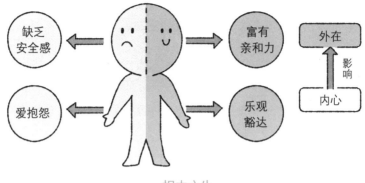

相由心生

感觉，这样的孩子往往并不受人欢迎。因为跟高傲的人相处，会让自己很难受。但是，有些长相一般的孩子，却笑容灿烂，声音悦耳，让人感觉很温暖、很舒服，他们周围经常会围绕很多小伙伴。所以，如果你保持积极乐观的情绪，也会吸引一群小伙伴来跟你做朋友。

| 我自己是如何保持乐观的 |

我们可以变得很乐观，因为悲观的人会经常抱怨，让人很有距离感，而越乐观的人就越有亲和力；我们也可以变得很豁达，遇到什么事都不计较，淡然处之，这样会让自己过得越来越舒心。

就像我自己，以前头发不太多，每次当我很紧张自己头发的时候，头发就会掉得越来越多。后来，我干脆就释怀了，每次讲课都会给大家鞠个躬，问听众："你们知道我为什么鞠躬吗？"观众说："不知道啊。"我说："除了显示我很有素质之外，最重要的原因是我的头型能照亮孩子们的前程。"

台下哄堂大笑，大家会觉得这个老师很幽默。这时他们会忽略掉我的外在形象，反而对我内在的品质产生了喜爱。

想长期保持积极乐观的情绪，我们要打破长相这个怪圈。如果执念于自己的长相，那么我们就总是在这个圈子里面打转，怎么都不会太快乐。首先，人的长相的好坏，是个难以定义的事情，很难用统一标准来衡量你长得好不好看。其次，如果你真的长得不好看，这是事实，很难改变，你就更要跳出这个圈子，让自己快乐起来。就像我一样，当我不拿头发稀疏这件事情当回事，它在我心里也就没什么事了，我自然也快乐起来。

（二）养成良好的自律习惯

人的外貌固然是天生的，但是人的身材、胖瘦、性格、气质却可以通过后天的精心培养得到改变和提升。比如胖一点的同学，瘦下来之后，人一定好看很多。一个人饱读诗书，思路开阔，知识丰富，对这个世界的理解有高度，气质自然比一般人更出众，眼界也高出不少。这就是有些人外貌一般，但是一说话，就让人喜欢听、愿意听的原因。

人的魅力，只有一小部分来自外貌，很大一部分是后天养成的。因此，我们要更加注重自己各种素养的养成。比如，面对美食，我们能够做到自律，不吃垃圾食品，就能保持良好的身材。一定不要随意熬夜追剧，因为熬夜不仅毁容，也会造成肥胖，形成恶性循环。自律本身也是一种很大的魅力，你因为自律会表现得很有毅力，你的坚毅也是你的魅力。

相比于好的外貌，后天的美是精心培养的结果，因为来得不容易，反而更受人尊重。这其中，自律无处不在。可以想象，一个不自律的人，怎么可能花那么大的力气减肥；一个不自律的人，怎么可能严格要求自己，保持内在的品质。一个不自律的人，他的外貌的美，也不会撑太久的。

（三）学一些审美知识

我们很难让脸蛋长得更好看一些，但是却可以通过着装和举止提升我们的形象。学习一点审美的知识，不仅能加深我们对美的理解，也是我们对自己形象增强信心的有力武器。

我们经常会遇到一些很会打扮的人，当然这里的会"打扮"，不是说穿多么贵的服装，戴多么贵的首饰，化多么美的妆容，而是说，一个人能够根据自己的天生水平，把自己装饰得自然、得体、大方，适合自己的身份，让别人看着舒服，有品位，有气质。

| 这个女孩有气质 |

小月是市重点高中尖子班的班长兼语文课代表，虽然相貌普通，但是社交能力很强。她口才又很好，做事情有热情，非常受大家的喜欢。

但是，小月却说，她有一段很不堪的过去。

小月小时候有点胖，而且由于肥胖，还经常生病，身体特别不好。这一切，父母看在眼里，疼在心里。他们不仅担心小月因为身体原因难受，还担心她因为肥胖而自卑，在同伴交往上产生问题，于是就带着小月减肥，给小月报了形体培训班。

在爸妈的支持和自己的坚持之下，经过好几年的努力，到高中后，小月的体重已经达到了正常的水平，苗条了很多，身体也变得健康了。

小月妈妈是服装设计师，具有很高的审美水平，就很用心地给孩子"设计个人形象"。小月平时穿的和其他孩子差不多，不会穿昂贵的衣服，也没有花里胡哨的首饰，甚至没有什么绚丽的色彩。但是，由于是经过妈妈用心"设计"过的，所以显得特别合身，总能给人眼前一亮的感觉，跟她的年纪和身份很切合，让人感觉很舒服。

瘦下来的小月，其实不算是漂亮的那种，但是由于妈妈对她穿着的独特"设计"和她自信心的提升，整个人都变得精神起来。摆脱那段不堪的过去之后，她还很注意自己语言表达能力的提升，多用微笑的方式和同学相处，赢得了大家的喜爱。

从此，小月真正地体验到了生活的快乐和学习的充实。

现在，物质生产丰富，人们生活水平不断提高。于是，有些人穿名牌，戴名表，戴金银首饰，把自己装扮得很土豪很华丽。有些人崇尚潮流，学着明星的样子打扮自己，跟着明星的代言广告买东西。但是，这种追随物质美的生活方式并不能改善自己的天生条件，虽然充满珠光宝气，但并不显高雅气质。

作为学生，外在形象应该体现出天真烂漫之美，求真求知之美，纯真洁净之美。因此，在审美追求上也要保持着学生的审美标准。浓妆艳抹和浑身名牌，并不能体现这种美感，很多时候体现的反而是庸俗的一面。

我们在课余时间可以阅读关于审美的书籍，了解美的本质，学习优秀前辈关于美的标准的讨论。它们是有趣的知识和故事，能够陶冶我们的心灵，指导我们美的实践，能让我们变成一个"有审美"的人。

第二节　如何看待金钱

来聊一聊钱这个话题，相信大家也想谈这个话题，而且它也是我们生活中一个绕不开的话题。钱在生活中是非常有价值的资源，网上就有这么一篇小学生作文，题目叫《有钱真好》，我们来看一看作者是怎么看待钱的：

| 有钱真好 |

不知道有钱是什么概念，我只知道我的钱多得花不清。

上学的时候，我会买一个煎饼，才 4 块钱，有时候加个火腿。不过现在物价飞涨，煎饼涨到 5 块了，买的时候要考虑加不加火腿，但是吃完早饭我竟然还有钱。

课间买 3 包 5 毛的辣条，我一个人吃不完还会分享给同学，有钱真好！

放学回家，学校门口又出来摆摊的了，都是我喜欢吃的，有麻辣串、冰袋、棉花糖，我都会停留一会儿，买点再回家，老板都认识我了，买得多就会少要我 5 毛钱。

有钱真好，每天拿 10 块零花钱的感觉真是棒极了！

这个小学生写得非常生动！把小孩子看钱的内心活动写得十分有趣味。有钱真好，我也喜欢钱，但君子爱财取之有道。

对于学生来说，我们的钱主要是父母或者其他长辈给的零花钱——记住零花钱是父母给的，不经过父母允许是不能私自拿父母钱的，这就叫"君子爱财，取之有道"。

如果钱不够花，可以和父母协商获得，但绝不能私自拿，因为私拿就是偷！小时候，你敢偷偷拿父母的钱，长大了你就敢去偷别人的钱，这样就不得了了啊！

一、什么是金钱

如果你手里有些零花钱，不妨拿出来看看，回想一下，这些钱是如何由别人那里到自己这里的。然后，你问问自己，钱在你心中究竟是占据着什么位置，钱在你心中意味着什么，如果有需要花钱的地方，你会怎么花掉自己的钱呢？

（一）钱的真正意义

钱可以买到面包，可以买到可口可乐，可以买到好看的衣服和鞋子，但是在你眼中，钱的真正意义是什么呢？先来看个例子。

| 小孩子们的比拼 |

有一次，在线下特训营，我听到几位同学在聊一个话题："五一假期，大家都去哪里玩了？""我去了游乐场。""我去了动物园。""我去爬山了。"大家都说出了自己的假期经历。

"我妈带我出国旅游了！"突然，有个孩子扬起脸，骄傲地说。其他几个同学则发出"哇"的感叹声！可以想见周围小伙伴的羡慕心情，也可以想见这个小孩该有多满足啊！

得到了想要的反应，这个孩子又开始滔滔不绝地讲述着自己的旅程。说国外的叔叔阿姨是如何帅气漂亮，天空中的云层是如何美丽，外面的世界是多么的精彩……略带夸张的语气，优越感尽显。

而其他几个孩子，则看起来非常落寞！

在这场关于旅行的比拼中，孩子们关注的不是假期过得好不好，玩得愉不愉快，不是假期自己有什么收获，自己跟家人是如何好好相处的，而是谁家里花了更多的钱，谁家更有钱，关注点在于炫耀自己的家世上。这就与度假的真正意义背道而驰了。

我觉得，钱可以分为两个部分：一部分叫生活费；另一部分才叫钱。

什么叫生活费呢？比方说，我这房间里原来没有空调，我挣钱买了一台空调，这些为了提高自己生活质量花去的钱，就是生活费。生活费是满足基本的衣食住行和为了提高生活质量而用的钱，这是我们的基本需求。

什么叫钱呢？就是挣了好多钱，但花不完，存在银行里，平常看，它仅仅是一个数字，这有点"虚幻"的东西就叫钱。比方说，我手边有一块钱，对我来说不算什么，但是假如把它给一个孩子，他买一块糖就可以吃一个上午，一块钱对他来说就是功德无量。这就是钱，而且是钱的一个用处。

这里的生活费和钱，是我特别划分的两个概念，以此来告诉大家该如何去使用自己的钱，让钱花在它该用的地方。

（二）钱不是拿来炫耀的

我们经常可以见到人们比富，很多人喜欢炫耀自己家多么有钱。如果我们冷静想一想，会觉得有点可笑。

| 我就想比别人家好 |

有很多同学会这样想，我要提升自己的生活品质。

他们会经常进行比较：同学家的电视比我家的大，同学家的房子比我家的房子漂亮，他爸爸开的车比我爸爸开的好看。同学妈妈送了一双特别酷的运动鞋给他，他跟我们说这双鞋是限量版的名牌运动鞋，要 3 000 多块钱，我也想让我妈妈给我买一双。

总之，我就想比别人家好一些。看到别人家有什么比我们家好的，我就想超过他们。但是，看到我不如人家的时候，我的心情就好沮丧。而且，很多情况下，我都比不上人家，真烦恼！

对很多人来说，好像一个假期只有进行了一场豪华游，才算真正度了假；似乎拥有的比别人更多，才有说话的权利；你家的车子比同学家的豪华，你才真正有面子……

我来问大家几个问题：作为学生的首要任务是学习，家里电视大不大重要吗？同学家的房子比你们家漂亮，但是你觉得比你们家温馨吗？你要是穿3 000元一双的鞋子，你爸妈因此就要不断辛苦加班，你会穿得心安理得吗？和朋友去爬山、去游乐场、去动物园，你玩得就不开心了，非要到国外旅游你才过得开心吗？

如果我们能够这样思考问题，相信很多疑问都会被打消。钱是爸妈通过辛苦工作换来的，每一分钱都凝聚了父母的心血。如果我们花大把的钱买贵重的东西，来满足自己的虚荣心，那你想一想辛苦上班的父母，你就会明白自己应该何去何从。

所以，钱就是我们应该花在最有价值地方的宝贵资源，尤其是自己还需要花父母挣的钱的时候，更是不能有攀比的心态。房子不大没关系，一家人住着温馨就好；车子不豪华也没关系，在车里的人开心最重要。一个人最大的本事不是花父母的钱给自己买昂贵的鞋子，而是通过自己的努力让自己变得更好。

想一想，你的同学因为你穿3 000元的鞋子而对你感到一时的羡慕，那么这件事过后，他们或许因为你的虚荣而对你产生反感。因为你在他们心中可能只是一个花费父母用血汗赚来的钱满足自己虚荣的人，非常可悲。

| 坐面包车上学，曾让我自卑不已 |

我是甲甲，已经13岁了。爸爸是一个养殖户，妈妈在一个市场做销售。我们家的条件一直不是很好，每一次爸爸开面包车送我上学的时候，我就会有一些自卑，觉得别人家的孩子为什么能坐豪车上学，而我只能坐在面包车里。

在扶鹰的学习，使我意识到同学有钱，其实是他们的父母有钱，那并不是他自己所创造的。未来是要靠自己的，自己努力，自己争取，让自己的生活过得更好，才是我们最应该明白的道理。

小小的虚荣心，我们多少都会有一点，但是当我们明白了生活的真相，明白了父母劳作的艰辛，明白了自己的路要靠自己走……这些道理的时候，我们一定会变得不那么看重金钱，并且对钱以及对自己有一个更好的理解。

二、要做"财主"，而不是财奴

金钱能给人生创造幸福，带给人巨大的快乐，但也是可能毁掉人生的利器。不管我们是不是拥有很大的财富，都不能做金钱的奴隶，要做金钱的主人。

（一）财奴思想让人更贫困

40 年前，在我国刚刚改革开放的时候，大家基本上都比较贫穷。改革开放使经济体制发生变革，国家政策发生变化，鼓励一部分人先富起来，有部分人借着政策的利好，真的富裕起来了。

有些富起来的人，认为财富是自己辛苦所得，要好好犒劳一下自己，去享受人生，便花天酒地、声色犬马，最后辛苦挣来的钱被挥霍掉，自己也再次成了穷人。而有的人会想，这是我很不容易挣来的钱，挣钱的过程充满艰辛，一定要好好利用。于是，他们会去投资，拿着第一桶金挣得第二桶金，再挣得第三桶金，让自己越来越富裕。

有时候，穷人和富人在财富路上起步时，都是一样的，但是终点却大相径庭，其重要的差异就是对待金钱的方式不一样。

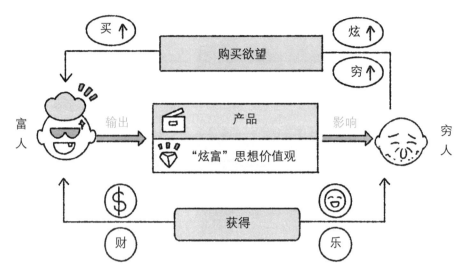

为什么穷人变得更穷

在现代社会，从小培养孩子正确的金钱观非常重要。在扶鹰课堂，我们总是能够"大方谈钱"，教会孩子们正确、科学地看待金钱，使用金钱，助力孩子健康成长。

谈到金钱观，我时常给孩子们讲解这样一个故事，我认为很有启发性：

有一个人，生活非常贫困，但是他不甘心，觉得老天对他非常不公平。一个富人听到这件事，便给了他一头牛，并跟他说："你把这头牛好好养着，等它以后产犊，就能养更多的牛，再等小牛养大之后，也可以养更多的牛，以此循环，你也可以成为富人。"

这个人非常开心地把这头牛牵回了家，但是由于生活极度贫困，他就产生了一个想法：我是否可以把这头牛卖了，然后换成一只羊，让羊产羔，这样也可以变成富人。中间剩余的钱呢，我就可以用来解决自己的温饱，于是乎，牛就变成了羊。

过了段时间，他又变得很穷，就利用同样的方法把羊换成了鸡，但这并没有解决他的贫困。他又把鸡换成了鸡蛋，最后把鸡蛋也吃掉了。到了春天，富人再来看他，穷人的生活依然处于贫穷的状态。

你看，一个人成为穷人或者富人，往往不是天命，也不是因为什么运气，而是由人的思想意识所决定。如果思想不变得"富有"，那怎么能够找到跟自己匹配的财富呢？

说到底，人们之所以有的贫穷，有的富裕，最大的差别往往在于思维。有些人，不懂得克制自己的欲望，变成了欲望的奴隶，那他就成了一个财奴。财奴只知道满足自己眼前的需求，在欲望的牵引下，花掉本该用来做更重要事情的金钱，也就没有什么未来而言。

做个财奴很可怕，因为不懂得合理科学地运用金钱，所以让日子过得很贫穷。

（二）我们如何做"财主"

我们看到，有些商人非常懂得通过自己的商业活动，引导人们进行消费，从中赚到很多财富，让自己变得很富有。他们不仅提供很有竞争力的商品，还会进行消费引导，让人们为他们生产的产品埋单。这就是这些商人变得越来越富有的一个思路。从这里，我们可以得知，懂得如何更好地利用财富，让财富产生更大的价值，而不是在金钱欲望的驱使之下，消耗掉财富，这样的人最终都会富有。

我们应该让自己做一个"财主"，就像前面的例子一样，当人家给你一头牛，还给你提供致富道路的时候，就应该把握好机会，能够经得起一时的苦难，去创造更多财富，但是很多人做不到。

这里有个很关键之处，就是用"用牛换羊"是一条捷径，捷径往往让人一时舒服。可是，因为一时舒服，就将未来消耗掉了，失去了前途，非常可惜。更重要的是，一旦人想走捷径，那么就会一个接着一个地走下去，灾难离他就不远了。

三、如何才能拥有财富

有些人很浮躁，总是想着"一夜暴富"，而彩票就是利用人们的这个心理，让你"以小博大"，但多数人几乎没有任何收获。人们对挣钱的苦深有体会，渴望轻松、快速地挣大钱。但是，这世界上几乎没有一种钱是容易挣的，这种暴富思想本身，就藏着很大的危害性，它会让我们变得越来越投机。结果就是，那些幻想"一夜暴富"的人，往往都会很贫穷。

| 赌徒心理 |

澳门赌场的策略是，当普通人第一次来的时候，先让他赚一点钱，把2万元变成5万元。人们看到一下子赢了3万元，当然非常开心。一个在澳门赌场赢过钱的人，第二次去的概率大概是80%，只要别人稍微一劝说，很容易就去了。

他第二次去的时候心里想：再带5万元，反正都是赢的。结果，第二次变成了10万元，又赢了5万元，特别开心。

在这种状态下，他那骄傲的内心开始膨胀，但赌场有输赢，尝到甜头后开始赌得更大，但也是有输有赢。随着不断的尝试，有一天，他再去赌场的时候，胆子就越来越大，别人的劝告也不再听了，直到有一天直接把房产证都带进去赌输掉。

在我们身边不乏有钱人，但是由于他们不懂得该如何拥有财富，最终也无法成为财富的主人。比如，随着城市的快速发展，有很多人因为旧城拆迁，而变得非常富有，有的家庭一下子得到了好几套房子或者几百万元现金。但是，这些暴富的人，往往守不住财富，对于轻易得来的钱财，并不会珍惜。再多的钱，也经不起挥霍。

因此，拥有正确的财富价值观，比一时有钱更重要。

（一）学会投资自己，让挣钱的能力更强大

很多孩子不太明白自己为什么要上大学，但是那些上过大学的人都会明白，大学毕业证和锻炼出来的能力，对找一份好的工作来说，都是最好的通行证。而没有大学毕业证的孩子，将被这些好工作拒之门外，现实就是这么残酷。

因此，那些可以用来提升我们的思想、智慧和技能的投资，都是非常有价值的。很多人，往往意识不到这个问题，或者不能忍受当下的艰难，而把钱花在了娱乐上，以自己的未来为代价，却让自己享一时轻松和快乐。时间一长，人与人的差距就会显现出来。

| 投资自己，让我有了今天的成就 |

以我个人来说，在我的整个成长过程中，即使是在条件最艰苦的时候，我都在投资自己，甚至不惜去借钱让自己学习。

印象中，我第一次去台湾地区参加一场学习活动，是借钱去的。第一次去韩国学习，也是借钱去的。这是我对于自己不断学习进步的要求，为了达到这个目的，我不惜投入大量的钱财。这样的消费让我提升了自己的价值，才有了今天的成就。

其实，生活中的很多消费，其价值并非是用来炫耀，而是变成让你增值的一种方式。比如有朋友给我推荐苹果手表，刚开始我觉得这款手表挺贵的，但是我了解到这款手表能够帮助我做日志提醒、管理时间，有助于我提高工作效率，我便买下了这款手表，并一直在使用。苹果手表给我的工作带来了更大的价值，而我并不是拿去炫耀，告诉别人我有这款苹果手表。

谈到财富问题，很多同学自然会问：我将来该怎么赚钱？赚钱大概有两种路径：

第一种路径：可以概括为用时间来换钱，用你的时间换取更多财富。每个人的时间价值不一样，比如肯德基明码标价，兼职员工工资基本标准为时薪 15～20 元。

但有的人时间价值却是一个小时 100 元，甚至有的人讲一堂课就值 5 000 元。对同学们来说，如何让自己更有价值，才是应该面对的问题。当你的价值提升，你的时间价值就会顺理成章地得到提升。

第二种路径：花钱建立团队帮你创造更多的财富。如果你的团队有 1 万人，那你的时间可能会增长 1 万倍，时间价值也会得到大幅提高。但是，对学生来说，现在这样的要求非常高，这需要你不光要有经营能力、很强的管理能力，还需要有宏观的战略规划能力和很强的交际、演讲、表达等一系列能力。随着知识的积累和年龄的增长，你的这些能力会得到不断强化和锻炼，那时，你便可以去实现这样的目标。

上面两条路径告诉我们，财富的多与少与个人社会价值的高与低成正比关系。我大胆地猜测，如果你今天已经意识到这个问题，并且在平时努力提升自己的价值，那么有可能在 20 年后，你会获得巨大的成就，并且成为一个对社会具有卓越贡献的人。当你的同学见面还在比房子大小的时候，你可能已经为学校捐了一栋教学楼。我相信你可以提升自己的价值，让自己变成金钱的主人。

财富对每个人来说，还是一种考验。如果自己不懂得如何拥有财富，即使财富来了，你也会把它踢走。你的财富，往往与你如何对待自己有关系，如果你不具备抓住机会的能力，即便给你一万次拥有财富的机会，你也无法成为富豪。所以，让自己变得值钱，财富才可能向你靠拢。

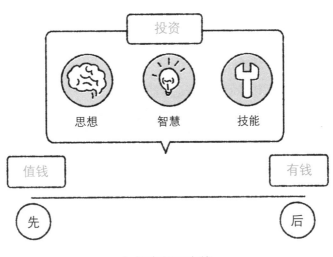

如何变得更有钱

| 没有人能随便成功 |

扶鹰线下课的学员中，有很多孩子的家庭条件非常优越。他们来扶鹰接受课程培训，说明他们在物质之外，想在精神层面给自己一个很好的提升。我们从中体会到了强烈的使命感。

记得有一次，我跟一个孩子交谈，他的爸爸坐到了对面。这位爸爸跟我们讲起他自己的创业经历。他说，十几年前，他和妻子还只是河南南阳的小裁缝，后来到杭州做服装生意。现在，每年做到了十几个亿的销售额，家里也住着300多平方米的房子，豪车也有好几辆。但是，回想起自己一路走来的经历，也是非常不容易。

他说刚开始的时候，夫妻俩只是做点小生意。刚来到大杭州，生意一点也不好做，不知道要受多少苦，遭多少罪，看过多少人的脸色，才一点点地让门店生意好起来。小裁缝不好做，就只能慢慢地尝试着转型做服装生意。最初的时候，服装生意竞争还很小，赚到了一些钱。可是，随着竞争越来越激烈，服装生意也越来越不好做。后来，又不得不去做外贸生意。外贸生意受国际环境影响大，常常是赚得多，赔得也多。有一次，外贸生意做失败了，结果自己倾家荡产，被摔得非常惨。现在，回想起那段艰难的时光，他眼睛都有点湿润。

幸运的是，他后来把生意的重心转移到了国内，又渐渐地有了起色。但是，随着线上销售平台的崛起，他的实体店生意，再次面临巨大的考验。这又是一次非常残酷的商业战役。他们家又一次经历了低谷，自己家的线下实体店遭受冲击，关店歇业，让他们家再次一贫如洗，他又回到了最初的那个贫穷的自己。如此的两次挫折，对一般的人，也许就从此一蹶不振了，然而对他来说，生活还要继续。

后来，他们家又把生意转到了线上，这一次终于把握住了时代的机遇，服装生意也渐渐稳定下来。所以，每次他讲自己的故事，都希望告诉孩子一些人生道理。在这个世界上，哪有随随便便的成功啊！不经历无数次的失败，根本就没办法在这个竞争激烈的世上站稳脚跟。但是，现在的孩子生活太好，衣食无忧，不懂得感恩，太脆弱，经不起摔打，在学习中遇到一点困难就叫苦叫累。面对自己孩子的教育问题，他非常无奈。

这个孩子家长的人生大起大落，经历了几次摔打，可谓磨难重重。现实生活中，每个人的人生都不容易，也许你看到了人家的豪车豪宅，但是你看不到他那无数个失眠的日夜，他在无数个关键决策前的呕心沥血。所以，你要想成为一个守得住财富的人，不把自己炼得"钢筋铁骨、皮糙肉厚"肯定不行！

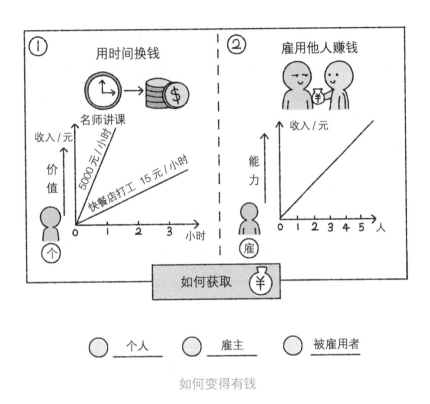

如何变得有钱

如果你想未来拥有更多财富，那么你应该投资自己，把现在有限的钱财，投资在最有价值的地方。你花钱去提高自己的价值，让自己变得更值钱，就会少一些攀比和炫耀，多一份成长。一旦你停止进步，不再提升自我价值，那么你就成了金钱的奴隶，财富便会绕过你。

第三节　如何正确看待"网红"

说起"网红"，我们最先想到的可能是娱乐界的明星，比如大家耳熟能详的刘昊然、鹿晗、王源、蔡徐坤、杨超越等比较知名的艺人；对于年纪大一些的人，想到的可能是张国荣、刘德华、苏有朋这些老一代的明星。你也有可能会想到很多淘宝主播或者抖音上的一些网红，他们天天卖化妆品、卖衣服。

一、你想成为"网红"吗

"网红"是近几年伴随着网络出现的词汇，在一定程度上，反映了这个时代的特点。受关注或者拥有流量，就意味着巨大的成功，并且还能产生很大的商业价值。因此，不少人心中都有一个"网红"梦。

（一）成为"网红"没那么简单

有些同学没事的时候会做一些直播玩玩，有时候也会幻想自己成为一名"网红"。但是，要成为头部主播这类大网红，难度非常大。

也许你不知道，世界上想要成为明星的差不多有上亿人，但我们真正能记得住的明星，可能不超过百八十个，大部分人最后都默默无闻地度过一生。而且即使这样的明星出名了，你会发现一般每隔一两年顶多三五年，这些人可能又重新换了一批，所以明星的火热周期非常短。

要成为大明星，必须付出艰苦卓绝的努力，同时也要善于利用资源。比如有一位知名演员，4 岁便出道参演影视剧，20 岁出头便与众多一线艺人合作过。这一切的成就，除了她自身非常努力外，与她得天独厚的家庭艺术传承密不可分。她的爷爷作为老一辈艺术家，曾是曲艺界泰斗。

所以，要客观看待娱乐圈的"网红"，在"红"的背面，还有成功率低、火热周期短、对经济实力和资源要求高这些特点，一般人不是轻易就能入圈的。

（二）该做什么样的"网红"

这里要讨论的重点，不是娱乐圈的明星和"网红"，而是你身边的圈子。如果你是你圈子里有影响力的人，并且你们都在做有价值的事情，那么，恭喜你，你也是一名"网红"。但是，很多人没有正确认识自己，没有让自己成为一个小圈子里的"网红"，而只盲目地成为网红的粉丝，就像网上骂的"脑残粉"一样。

我有两个学生，她们两个吵架，我就问她们为什么吵架。她们说因为比较两个明星谁更帅，因此引发很多矛盾，便吵了起来，可气又可笑。还有人为了支持明星，买来大量的盒装牛奶，只为打开后扫二维码，支持自己喜欢的明星，然后就把没有用的牛奶倒进下水道。这种疯狂的举动，不知道糟蹋了多少牛奶，造成了社会资源的浪费，也引起了人们抨击。他们可能想不到，在这个时代，还有很多的小孩子还面临着巨大的饥饿危机，还有很多人营养不良导致疾病。

明星也正是因为越来越多粉丝的追随，影响力才不断攀升，才能收获巨大的财富。我们在追逐他人并成为粉丝时，看似没有付出金钱成本，实则是为他人增加价值筹码，一个粉丝 5 万的人和粉丝 50 万甚至 500 万的人相比，所产生的经济效益是不同的。

对聪明的人来说，与其成为别人的粉丝，不如想办法打造自己的影响力。也许 10 年后，你就成了自己所在行业的"网红"，让更多人成为你的粉丝，你也就会因此而收获更多的财富。当然，我们这里所说的"网红"，指的是一种打造个人品牌的方式，成为一个有影响力的人，而不是一般意义上的明星"网红"。这是我们对待"网红"或者明星的正确态度。

二、"网红"为什么那么迷人

成为"网红"的路很艰难，很多人不惜付出巨大的代价，也要打造自己，就是因为它能带给人们巨大的商业价值。尤其是一些直播平台，在前期，很多人付出了巨大的时间和金钱代价，却收获有限。但是，一旦他们赚取足够的流量，财富的天平就又会向他们倾斜。

（一）获取更多的资源和助力

"网红"的核心价值在于影响力，就是一个人到底能被多少人关注，流量就是检验"网红"的最大标杆。一个网红流量越大，他的影响力就越大，就会获得越好的资源，就会越强大。

| 没有讲师愿意跟我们合作 |

我刚开始从事家庭教育的时候，资源非常匮乏。我除了浙江大学的学历之外，几乎没什么影响力。我到处寻找讲师，常常被拒绝，没有人愿意跟那时的我合作。这一点给我带来了巨大的困难。

那时候，我曾想和一个大平台合作，在教育这个领域做点事情，结果却是毫无意外地惨遭淘汰。我那一刻的心情，到现在还记忆犹新。这件事让我深深意识到，一个人的影响力有多么重要。如果我们能像阿里巴巴那样强大，相信很多人会抢着跟我们合作。然而，我们只是我们，就像是非常微弱的光，别人根本看不到我们的存在。

我深深地明白了一个道理，只有当你拥有强大的影响力时，你的能力才会得到更多的展示，才能赢得更多人的认可，人们才会向你涌来，才肯帮助你，为你出力，从而你才能为自己赢得更多的机会，成为更好的自己。

在读书阶段，成为你圈子中的"网红"，很多同学就会想认识你，老师也会多关注你，你在学习上自然会对自己要求高一些，并且有好的老师和同学的影响，你也会学得越来越好，学得越来越快。这样，你获取的学习资源，获得的学习助力，也会越来越丰富，就会让自己越来越强大。

为什么那么多同学想考北大和清华，不仅因为这两所大学有很有名气的老师，我们在里面可以学到真本事，还因为它们是中国最好的大学，影响力非同一般。

（二）获得更大的成功

这是一个注意力稀缺的年代，那些站到注意力顶峰的人，往往能获得更大的成功。成为一个"网红"，意味着你在网络上占有更多的注意力，就有更多的人愿意为你的活动埋单，你就越来越强大。

当年，脑白金在央视投了天价广告费，借着央视影响力遍布全国，让脑白金广告几乎人人耳熟能详，脑白金也顺势卖得很火爆。但是，在今天，央视广告的影响力，已经没有这么大了。在这个去中心化的时代，人们的注意力被分散到各种新媒体中，比如抖音、快手等等，各行各业有影响力的人如雨后春笋，纷纷建立自己的影响中心。这是时代赋予的机会。未来的时代模式是：每个人发挥自己的价值，找到自己的特长并发挥优势，建立一个能让个人价值产生积极效应的平台，进而发展成为一个有影响力的中心，使个人价值在社会价值的增量中进一步获得提升。

对于学生而言，无论是国内还是国外的名校，他们在选拔人才时，背后的逻辑本质都是希望选到一个个有影响力的人。这些影响力落实到实际中，可能会变成一项项指标，比如你是否在竞赛中获奖，学习是否出类拔萃等，如果你在学习期间一直默默无闻，那么外部能够给你的助力也会少之又少，所以你必须去勇敢地把握每次机会，获得更多的关注和资源。

三、怎么把自己打造成未来"网红"

"网红"意味着巨大的影响力和成功，但是走上"网红"之路也需要我们精心准备，并不是随随便便就可以成为这样有影响力的人。

（一）你能给别人带来什么

马云能够在商业上取得成功，与他当初的理想分不开。他提出让天下没有难做的生意，给大批有产品却没有好销路的人找到了很好的销售途径，让他们的生活状况得到了很大的改善。他也因此成就了自己的商业价值，建立了一个气势磅礴的商业帝国。

也许很多同学认为，现在只是在读书，我应该怎么做呢？在读书阶段的你，如果能把自己塑造成一个精神榜样或者励志典范，对自己来说就是一种成功，对他人来说就是巨大的精神动力。这样你从小就是一个有影响力的人，等你以后要创业，或者要做什么事业，你的影响力依然会存在。

（二）拥有自己的特长和特色

几乎每一个"网红"身上，都有他们非常突出的特点，尤其那些经得起时间考验的"网红"，更是具有了不得的才能。所以，是否拥有特长或者特色，将是你能否成为一个有影响力的人的重要条件。

世界名校在选拔学生的时候，非常看重两项素质：艺术和体育。有的名校要求，每个学生必须有一个过硬的体育项目特长，甚至要求参加过奥运会。因为体育是顽强意志力的体现，有顽强意志力的人，更能够取得成功。名校对艺术也非常重视，艺术作为一项特长，需要持久的练习和感悟，代表的是你的表现力、想象力、感悟能力和做事情的韧性，体现了你的综合素质，而且它往往也是一种社交手段，会让人更加优秀。

古今中外，那些杰出人才，几乎都有非常出众的才华。孙中山拥有卓越的演讲才能，正是一次次让人热血沸腾的演讲，吸引了成千上万的人加入到革命的行列，使他成为革命的代表人物。1905 年 8 月 13 日，孙中山出席东京留学生欢迎大会，做了演讲。当时，由于听演讲的人太多，孙中山不得不在会场外露天地给迟到的学生又做了一次演讲。

✎ **看一看，你有什么特长？**

在以下你有能力或感兴趣的事情上画√，并标出相应的才能。

能力/兴趣	类 别					
	语言	音乐	绘画	人际	逻辑/推理	体育

（三）经得起波折，保持内心稳定

你可能会发现，有些人刚开始大红大紫，但是后来又被批评得体无完肤，跌入低谷。这时，有些人能够从低谷站起来，获得真正的认可，有些人却永远待在了谷低。这与我们前面讲过的，以波澜不惊、自强不息的心态应对考试的结果一样，要以平和的心态对待起落，才能真正成为人群中的强者。

这是个不断变化的世界，我们不大可能永远做第一名，也不大可能永远都处在优势地位，学会以平静的心态面对人生波折，是门人生必修课；波折也是人生的必经阶段。

尤其是，我们要做一个有影响力的人这件事情，既不容易，也不会永久，就像很多明星不可能红很多年一样。懂得这个道理，我们才能过得更安稳一些。即便你是个非常优秀的人，人生也会经历上升—低谷—上升的过程。因为，社会在不断发展，知识在不断更新，潮流在不断演变，人才在不断涌现，人不可能永立潮头。

第四节　打破思维定式，学会独立思考

在学习中，我们时常可以见到，有些同学因为几次考试成绩不好，就对自己失去了信心，觉得自己不擅长学习，便放任自己，不去好好学习了。这种心理，只是让自己变得懈怠的一个理由，是给自己学不好找到的一个幌子。但是，遭遇败绩就一定意味着没有翻盘取胜的可能吗？

一两次，甚至十次八次的失败，在通向成功的道路上，都是必要的尝试。

或者，我们再尝试几次，情况就会变得好转，我们就能找到成功的道路。非常可惜的是，往往很多人，就是被卡在了通向成功终点的最后一次尝试上。

｜ 被拴住的大象 ｜

一根小小的柱子，一条细细的链子，拴得住一头千斤重、力气惊人的大象？这不荒谬？但是，这种景象在一些地方随处可见。

因为在大象还是小象的时候，那些驯象人就用一条铁链将它拴在水泥柱或钢柱上，小象很不习惯这样被束缚，用力去挣脱铁链，却又怎么都挣脱不掉，累了的小象只好习惯被铁链这样拴住。

小象经过多次努力后，还是无法挣脱铁链，就安分了下来。它知道无论自己怎么努力，这一切都是徒劳。小象开始习惯了铁链，只要用铁链将小象拴住，小象便知道自己无法挣脱。

慢慢地，小象长成了大象，要挣断那根铁链，是轻而易举的。可是大象再也没想过要去那样做了。在大象的记忆里，铁链是牢不可破的，它已经失去了和命运抗争的勇气和斗志了。

如果你在学习上放弃了自己，即便是面对再细的"学习铁链"，都无法挣脱。在学习上失败几次之后，我们就像小象那样，认为自己不可能学得好，自暴自弃，那么我们就失去了改变学习状况的机会。而有些同学，即便最初学不好，但是也会一直坚持努力，随着时间的积累，他的学习成绩竟然成倍提高，形成一种爆发状态。

一、打破思维定式

　　人都是在一定的环境中生活，我们的身体会形成一套快速应对环境的反应系统，这套反应系统本来是为了让我们更好地适应环境而产生的。比如，手指接触到了火苗，它会以极快的速度撤离火苗。这种快速的撤离，就是反应系统通过大脑神经为保护我们的手指不会被烧坏而做出的指令行为。这套反应系统速度快，比较省力，但是有时也会让我们变得不去考虑变化，而做出错误的行为。

　　这套反应系统，也是我们说的固定思维模式，也称为思维定式，或者惯性思维。它使我们从固定的角度来观察、思考事物，以固定的方式来接受事物。人们往往爱用思维定式思考问题，善用通常的行为方式处事，久而久之，就让思维定式更加坚固。人们之所以爱用思维定式，是因为它不用消耗太多的能量，就能应对问题，但是也因此会产生很多新的问题。

　　思维定式在生活中多表现为习惯。比如睡觉，要占用人生的三分之一时光，这是人类的生理习惯。还有上学、读书、工作、交友、休闲等领域，我们的行为表现大都有习惯的影子。当然，养成良好的习惯势必会推进我们成长的进程，不良的习惯也会阻碍我们获取健康美满人生的脚步。好习惯是开启成功的一把钥匙，坏习惯则是一扇通向失败的大门。

| 狗的电击实验 |

1967 年，心理学家塞利格曼将一条狗关进了笼子里，只要蜂音器一响，就给狗施加令它难受的电击，反复进行数次。由于狗无法逃脱笼子，它只能在蜂音器响之后，承受电击。

最后，塞利格曼将笼子打开，然后让蜂音器放出声音。此时，狗不但不逃走，还在电击之前就在笼子里呻吟和颤抖。本来可以逃走的狗，却待在笼子里绝望地等待痛苦的来临。

人的行为，由思想指导，思维定式或者说习惯，会让我们放弃思考的过程，直接采用以前的思想指导现在的行为，这样就会出现偏差。在狗的电击实验中，狗因为之前无法逃脱电击，而变得即便笼子的门打开了，也不去逃脱。这种绝望的心理，被心理学家称作"习得性无助"。这种习得性无助，也会发生在人的身上。就好像我们不擅长数学，见到数学题就厌恶，实际上如果我们喜欢数学，也是可以学好的。

我们在面对新问题的时候，也会像大象或者被电击的狗一样，把过去的失败牢牢刻在记忆当中，迫使自己生活在以往失败给自己定义的范围之内，再不敢进行新的尝试！这种思维定式让我们看不到力量及形势的对比变化，让我们意识不到，在和失败不断斗争的过程当中，自己已经积累了战胜失败的足够力量，所欠缺的只是再来一次的尝试和努力！这时，就需要我们改变思维定式，养成独立思考的习惯。

二、如何成为独立思考的人

我们生活在一个信息爆炸的时代，可以随时随地获得大量的信息。这些信息可以帮助我们做出判断，应对日常生活，但是也会把我们湮没在信息的汪洋大海里，让自己成为一只失去方向的孤舟。

那我们该如何成为一个不迷路的人呢？

（一）看到事情的本质

每个人的生活处境都不一样，这决定了我们即便是面对同一个问题，每个人给出的答案也不同。但是，这么简单的道理，很多人却意识不到。比如，你看到人家买 3 000 元一双的鞋穿，你也要问爸妈要钱去买。但是，你却没有看到，他的家底有多么雄厚，而你的家境却非常一般。

1. 生活中有太多麻醉人的东西

你有没有思考过，在日常生活中，为什么会充斥大量的明星八卦、绯闻等娱乐信息，而我们不知不觉间在这些事情上浪费了太多的时间？我们为何难以自控，当父母来约束我们的时候，我们又表现得相当逆反？

| "奶头乐"理论 |

西方社会，20% 的富人掌握了社会上 80% 的财富，这就是所谓的"二八定律"。资本家会通过各种人脉和资源获取更多的利益，而普通人只会局限于当前的生活中，靠着出卖劳动力为资本家打工维持生计。资本家过得越来越舒服，而普通人过得越来越艰难。为了安慰这些"被遗弃"的人，避免阶级冲突，方法之一就是制造"奶头"。

所谓"奶头"，就是指采取娱乐化、低智化、游戏化、低成本、轻易就能获取刺激性快乐的办法，卸除底层人的不满。"奶头"的形式有两种：一种是满足性娱乐，如肥皂剧、偶像剧、真人秀、明星丑闻……；一种是发泄性游戏，如鼓励暴力游戏、鼓动口水战……

所以，娱乐要越多越好，游戏要越普及越好，综艺与真人秀要随处可见，低智的、无逻辑的、甚至堪称脑残的偶像剧要一部接一部。当这些东西触手可及、底层人就会安分下来，快乐地、毫无怨言地、无知无觉地继续贫穷，继续一无所得，然后虚度一生。

这虽然是源自大洋彼岸的理论，但"奶头乐"的现象，在我们身边同样存在。当我们完全沉浸在很轻易就能得来的快乐之中，比如追剧，哪还有什么心思去思考。因为对很多人来说，思考问题是个痛苦的过程，而这种娱乐却来得轻松而容易。这也就导致，我们因为生活中轻易得来的诱惑，而让自己看不清楚生活的真相，迷失在无休无止的娱乐中。

曾经有人说，现在的年轻人，你给他一根网线，一点食物，他就足以在房子里面待到死。这是多么可怕的事情啊！

2. 我们还有机会走出来

面对这些容易让我们丧失斗志的东西，我们究竟该怎么办？看看下面的例子，你就会明白。

| 孩子该不该玩电子设备 |

我有一个朋友，他在教育孩子方面非常有一套。在刚刚创立扶鹰的时候，我常常跟他探讨教育问题。我看到那么多的孩子都沉迷于手机游戏不能自拔，而他家的孩子却对游戏根本不感兴趣，我就很好奇，问他是怎么做到的，他给我的答案令我非常震惊。

他给我讲了一个故事。他说，在苹果的发布会上，乔布斯认为人人都应该拥有一台iPad，这是一句多么鼓动人心的话。于是，很多人借钱也要买一台不怎么会用到的平板电脑。但是，在2010年底，乔布斯对《纽约时报》的记者尼克·比尔顿说，他的孩子从没用过iPad。乔布斯说："孩子们在家里能用多少技术，我们做了限制。"这是不是很令人诧异！

他说，乔布斯对记者的谈话，使他明白了一个道理，我们对孩子的管教是有方法可行的，而且也是非常有必要的。在孩子深陷手机游戏之前，我们还有机会让他们走出来。因此，他在孩子很小的时候，就训练孩子的自制力，让他们懂得什么是规矩，并且培养他们遵守规则的意识。所以，他们家的孩子就在使用电子设备上做得非常自律。

乔布斯是平板电脑的创造者，因此对这个东西的本质，看得比一般人更清楚。他为了孩子的成长，限制自己的孩子去玩平板电脑。而我们有些家长为了让孩子好好待着，不麻烦自己，就给他一台平板电脑，让他无限制地玩，不去管他。这很可悲！

如果我们任凭孩子沉浸在游戏、娱乐的表象之中，不去对如何教育孩子做深刻的思考，便看不到事情的本质，终会使孩子不再向往艰难而伟大的事业，而是恐惧挑战，恐惧前行，在一个接一个的综艺中，在一坨又一坨的网络资讯里，在一波接一波的低质量欢娱中，走向颓废。

但是，在灾难来临之前，如果我们意识到问题的严重性，一切还都来得及，还有机会走出来。你曾经受到诱惑，曾经软弱，没有关系，只要你能够领悟，就能很快地站起来，告别软弱的自己，然后你就有机会走向坚强。所以，我们一定要看到事情的本质，从虚假的表象走出来，去追求更最美好的未来。

（二）站在不同角度看问题

我们要独立思考，从根本上来说，就是要探寻事情的真相。独立思考并不代表不用去考虑别人的想法和感受，沉醉在自己的想象之中。很多时候，别人的说法或者想法里面，包含着部分的真相，如果我们不去体察，则会失去一个判断真相的标准。

英语里有一句谚语: put yourself in other's shoes。字面意思是"穿上不同的鞋"。它告诉我们，我们应该站在不同的角度去看待问题，这样我们才不至于被困在自己的思维定式里，也不至于盲从别人的想法，或者完全无视别人的思考。这才是独立思考的应有之道。

夏洛克·福尔摩斯为什么这么厉害，如果你仔细研究过，就会发现他能准确破案的最重要的原因就是，他能站在他对手的角度上想问题，通过猜测他的对手想得到什么来推测他们的行为。如果，福尔摩斯只是从自己的想法这一边去侦探案情，那么可以想象，世界伟大的侦探将不复存在。知己知彼，百战不殆，是也。

| 绵羊、奶牛和小猪 |

一头小猪、一只绵羊和一头奶牛，被关在同一个畜栏里。

有一次，小猪被牧人捉住，它大声嚎叫，并且猛烈地反抗。绵羊和奶牛讨厌它的叫声，便说："那牧人常常捉我们，但我们却不大呼小叫。"

小猪听了回答道："捉你们和捉我完全是两回事，他捉你们，只是要你们的毛和乳汁，但是捉住我，却是要我的命啊！"

绵羊和奶牛被捉后，失去的只是毛和牛奶，对它们来说都不是致命的。甚至绵羊被剪毛之后，过夏天还要凉爽一些；奶牛被挤奶后，身体还会变得轻松一些。但是，被捉住对小猪来说，却是要失去性命的事情，这个太恐怖了。如果小猪看不到这个真相，那它连自己怎么死的都不知道。而绵羊和奶牛，因为只根据自己的情况来看问题，看不到事情的真相，理解不到小猪的真正感受。

所以，立场不同，所处环境不同的人，对同一问题的看法和处事态度会有所不同。站在他人的角度想问题，我们不仅能看清许多事情的本质，还能更加容易释怀，接受他人的建议。根据接收到的信息，排除个人情感的因素，才能做出更加客观的判断，这使我们在处事中能够在思想上保持独立，尊重权威但不迷信。

（三）意识到你周围的偏见

偏见，几乎无处不在。比如，我们会因为一个人的学历低，就对这个人产生素质不高的感觉。我们会因为某个家庭住在某个小区，而觉得这家人家境一般或者家境很好，而对人家低看一眼，或者高看一眼。我们也会因为某个人对自己做了一件不愉快的事情，就认为这个人这也不行那也不行，甚至他做得好的地方也被抹杀掉。

偏见，不仅无处不在，而且也常常让我们失去客观的判断标准，采取错误的行为，最终还不得不为此付出惨重的代价。

| 偏见，会吞掉你的未来 |

我曾有两个朋友，一个在初中的时候，学习成绩非常好。但是，由于中考的时候没有发挥好，考到市里一所一般的高中。由于他一直觉得自己应该上一所更好的高中，就对自己目前就读的高中非常不满意，在学校里看什么都不爽，跟同学也处不来。结果，在高中，他放纵了自己，最后连大学都没有考上。

我另外一个朋友，初中时学习成绩并不怎么好，他上的中学也很一般。但是，他却凭着刻苦努力也考上了这所一般的高中。他非常开心，学习也有了信心，而且看同学也都是很崇拜的样子，非常乐意跟他们学习。通过 3 年的努力，他竟然考上了一所挺不错的大学。

那个成绩很好的同学，因为对自己上的高中怀有偏见，一直不接受自己会上这样高中的事实，也不能跟同学很好相处。这种错误的认识，让他产生了错误的行为。他在一所自己认为不好，别人却觉得很好的高中里，浪费自己的青春，结果一无所获。这一切，最应该被问责的就是他自己，跟他的学校一点关系都没有。因为另一个同学是个反例，刚好可以证明这一切。

下面的方法，可以帮你判断，一个人是不是对你心存偏见：

一是，听不进你说的话，甚至是唱反调。心理学家发现，人都有一种潜在的自信心理，总认为自己比别人要强一些，被称为"认知偏差"。但是，一般情况下，这种心理不会明显表现出来，人们通常会压抑自己的这种想法。如果一个人，总是听不进你说的话，甚至跟你唱反调，说明他这种心理上的认知偏差已经成了偏见，并且被明显地表现了出来。

二是，总认为你应该怎么样。当一个人，总是从自己的角度去看待你的时候，总会说你应该是个怎么样的人。事实上，你是个什么样的人，你应该怎么做事情，都是你的自由，而不应该是别人定义的。如果一个人总认为你应该如何，说明对方不愿意去了解你，不愿意跟你保持平等地位，存在对你的偏见。

三是，给你无理由的"额外待遇"。我们见到了一位大文学家的孙子，总是感觉他一定会写作文，就把写作的任务分配给他。实际上，这个人并不会写作，也不喜欢写作。这样的"额外待遇"就是一种偏见，在学习上，我们总有偏见，认为女生不擅长逻辑思维，所以女生学不好数学。但是，很多理科高考状元，却是女生！

我们很容易受到偏见的影响，并且很多时候不自知。比如，你的一个朋友跟另一个人有矛盾，合不来，你不问原因，也和你的朋友一样，跟这个同学保持距离，那么只能说明你不明白事理。或许是你的朋友做得不好呢。你看，偏见就是如此使人固执。我们应保持兼听则明的态度，才能让自己做正确的决定，更好地与人相处。

第六章

主动人生成大器

■ 英国浪漫主义诗人雪莱说："过去属于死神，未来属于你自己。"但是，如果你不主动去争取，你不够努力，那原本属于你的未来，也将成为别人的荣光。

你可以想一下，你自己是不是足够努力。当我们被别人催着学习或者生活的时候，内心是不是充满了消极情绪，那种焦躁的感觉是不是让自己很不舒服？明明本来是自己挺乐意做的事情，结果一被催，就不乐意做了，还满心的牢骚和不欢喜。

如果反过来，我们很积极、主动地学习和生活会如何呢？也许你会发现，你的爸妈不再唠叨了，你学习的心情变得好起来了，做事情更加积极了！

可是，为什么很多同学就是不积极、不主动呢？

第一节　应对被人说闲话的最佳策略

我们在学校，经常会面对人与人之间的纠纷。有句话说，学校也是江湖，"人在江湖漂，哪能不挨刀"。在和同学的相处中，难免会遇到有人在背后说我们闲话的情况。尽管这让我们感觉非常不舒服，但这好像又无法避免。当这种事情发生的时候，我们首先要思考一个问题：自己是不是一个也经常在背后说别人闲话的人？

如果你曾经在这一点上犯过错误的话，那么就需要引起注意了。每个人说的话无非只有两种：一种是所有人都能听到的话，另一种是永远不要说的话。

因为，但凡是你让别人保密的话，最后几乎都会被公之于众。所以，你在背后议论别人，最后都会传到别人的耳朵里。

｜ 我的朋友怎么啦 ｜

记得前年，在线下课程时，遇到了一个叫晴晴的初二女生。她性格开朗，爱交朋友，在班级里也爱帮助同学，人缘不错。晴晴跟我说，她之前在班级里遇到了一件特别令她伤心的事情。

小雅是晴晴的好朋友，在班级里经常考第一名，是很多孩子的榜样，就是父母口中的"别人家的孩子"。在初一的时候，晴晴学习成绩并不怎么好，甚至有时候连班级中等水平都考不上。为此，晴晴很是烦恼。她妈妈给她报过许多培训班的课程，效果都不尽如人意。晴晴的爸爸甚至还请过市区内很有名的一位老师辅导过她，但是效果依然不怎么好。

初一第一次统考，小雅考出了年级第二、班级第一的惊人成绩，大家都很崇拜。于是，晴晴就主动跟小雅成了朋友，小雅也是不辞辛劳，时常给晴晴讲解题方法。渐渐地，晴晴的学习成绩就跟上来了，从班级靠后的水平一下子冲到了班级前10名。晴晴非常开心，爸妈也为晴晴的改变变得非常开心。

后来，班级里面新转入一个女孩子，叫悦然。令大家没有想到的是，悦然是个超级学霸，不仅学习好，而且还非常会跟人相处。她一到来，便吸引了很多同学的目光。果然，在初一下学期的一次统考中，悦然考出了年级和班级两个第一的好成绩，而且在区里面也能排上前10名，按照这个成绩考个省示范高中绝对不是问题，还能分到实验班。这更让大家刮目相看。

悦然初来乍到，当然希望跟大家好好相处了。于是，她对每一个同学都很热情，这也包括晴晴。由于晴晴也是个"社交小达人"，自然地成了悦然的朋友，还一度跟悦然成了"闺密"，天天一起吃午饭，放学一起去玩。这一切都让小雅看在了眼里。晴晴似乎明显地"冷落"了小雅。虽然小雅嘴上不说，但情绪在不断变化，晴晴似乎还没有意识到。

后来，小雅生了一场病，耽误了很多的课程，学习成绩也一下子从班级第一名退后到了班级前 10 名。又一次统考之后，小雅看着自己的学习成绩非常沮丧，但是没有人去安慰她，似乎大家都不会在意一个失败者的感受。而悦然却依然保持强劲的学习势头，一直处在班级第一的水平。好多同学围住悦然，向她表示祝贺，纷纷对她的好成绩表示羡慕不已。悦然处在大家的关注焦点之下，晴晴也在其中，晴晴还开玩笑地跟悦然说："你是我们班的第一名，将来一定会成为中考状元。"同时，晴晴在悦然的影响下，学习成绩陡然上升到了年级前 5 名。这次考试，可以说完全改变了三个人的学习局面。

先是晴晴夸悦然的话传到小雅耳朵里，令小雅大为不满，没多久，班级里就流传出很多闲言碎语，说晴晴就像墙头草，风往哪边吹就往哪边倒，在班里到处讨好人。这些话就像针一样扎在了晴晴的心上，让她非常难受。好一段时间里，晴晴心情都非常郁闷。她也不好跟老师说，跟朋友也不想说这件事情。郁闷的心情，让她时常焦躁，学习成绩一下子就滑下去了。

一天早上，晴晴从教室往外走，小雅从外面回教室，两人刚好对面相迎，但是由于晴晴被老师叫去办公室，去得非常匆忙，没有顾及小雅，也就没有打招呼，而小雅就这样冷冷地回到了教室。渐渐地晴晴与小雅的关系越来越淡，也感觉到了悦然对自己态度的转变。她不明白自己的朋友到底都怎么啦？好像这个世界都对她充满敌意。她上课的时候，很压抑，下课的时候也非常难受。这个事情就像是一道伤口，却没办法去包扎，流着血，非常疼痛。就这样，晴晴在难受中度过了一天又一天。

很多时候，我们被别人说闲话，往往会有自己的原因。晴晴的遭遇，可以说某些方面是自己造成的。说别人闲话，确实不是一种好的习惯，被说的人也会非常烦恼。但是，如果我们被别人说闲话，多少都有自己在为人处世方面的疏漏，非常值得警醒。晴晴就是在很多不经意的情况下，点燃了小雅内心的那团不平衡的火气，才给自己带来了闲话。

一、为什么别人会在背后说我们的闲话

俗话说："良言一句三冬暖，恶语伤人六月寒。"说话是门很高的艺术，如果你不掌握这门艺术，可能一开口就把自己推到了不利的边缘，等待自己的只是被动的后果。晴晴虽然性格开朗，还比较擅长社交，但是她说的话却在无意间刺痛了小雅的内心。她赞美悦然的话，正好在小雅那里成了"讽刺"。

你想呀，小雅可是曾经的班级第一名，如今考到了班级第 10 名，而且大家在恭喜新的第一名的同时，把原来第一名的小雅冷落在了圈外。这时候，你提到"第一名"这个字眼，都会刺激到小雅的内心，更别说是你如此夸耀现在的第一名悦然了。说者无意，听者有心，晴晴的话在无意间给自己带来不利的后果。

中国古话讲得好，有三件事是收不回来的：射出去的箭、泼出去的水、讲出去的话。所以，自己说话得体，那么你的生活中也会少了很多闲话。当然，也会有人反馈说："王老师，我平时没有说别人的闲话啊！但是，总有别人说我的闲话。"针对这种情况，一般有两种解释：

一是，别人说的话是真的，你确实做过这样的事情，给他人造成了不好的印象或者损害。当你听到闲话时，你应该自我反省，把它当成一次自己成长和提升的好机会。就像例子中的晴晴一样，别人说她是墙头草，她就要问一下自己是不是墙头草。很明显，晴晴可能无意间冷落了小雅，但绝不是喜新厌旧的人，中间有些过程还是误会。但是，很明确的是，她确实给小雅带

来了伤害。

二是，你自身很优秀，学习很上进，自我管理能力很强，也会被别人说闲话。这里呈现出来的是他人的嫉妒与不平衡心理。为什么要说你的闲话？最本质的原因是，你打破了一种平衡态势，让别人感受到了危机。其实，小雅也是个敏感的人，在考试这方面，没有人是常胜将军，总是有考得好，也有考得不好的时候。只要大度一些，也没有什么关系的。但是，小雅却无法走出来。因为晴晴曾经只是班级里面中下水平的同学，一直以来是借着自己的帮助才有了很大的进步，而且悦然一来就抢走了自己的第一名。这一切都让小雅的内心失去了平衡。加上被冷落的遭遇，一下子让自己陷入了情绪的深渊。

二、当同学在背后说我的闲话，我该怎么办

面对别人说的闲话，我们可以选择沉默，也可以选择怼回去。如果晴晴找到小雅，把她大骂一顿，也许自己的心里就痛快很多。可是，你以为这样就解决了问题，那就大错特错了。一般而言，小雅是不会承认流言蜚语是自己说的。因为没有人愿意背上这个恶名。最后，可能会闹到老师那里，晴晴的处境就会非常被动。

如果晴晴和小雅吵了起来，只会让自己的名声更不好听，可能很多的隐私都会被抖出来，这种局面也是非常不好的。在生活中，你会见到那些吵架的人，吵着吵着就会人身攻击，最后很多的隐私、很难听的字眼，都会冒出来，结果两败俱伤，这场战争不会有胜利者。这也是我们不想面对的局面。

当然，如果像晴晴那样什么也不说，只是保持沉默，默默忍受这件事带来的痛苦，也不是好的解决问题的方式。因为沉默并不代表问题的解决，还似乎显得自己非常懦弱。那我们究竟该怎么办呢？

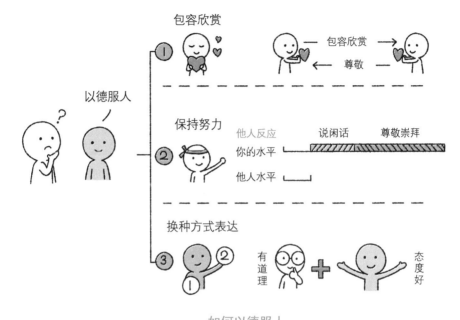

包容欣赏

以德服人

保持努力

他人反应
你的水平
他人水平

说闲话　尊敬崇拜

换种方式表达

有道理 ＋ 态度好

如何以德服人

（一）选择包容与欣赏

中国有句古话讲："士为知己者死，女为悦己者容。"当你去欣赏和理解别人的时候，别人可能会为你出生入死，不会跟你反目成仇。所以，要化解一段仇恨最好的方法，不是针锋相对，而是去包容别人。

如果晴晴能意识到自己的问题所在，意识到问题的根源所在，也就不会如此郁闷。晴晴不知道自己曾经说的话刺痛了小雅，才有了这些流言蜚语，所以一直非常痛苦。如果她能明白这是自己的话刺痛小雅在前，也许内心就会好受很多，从而对小雅产生体谅和包容之情。这样宽容能够让自己的心理负担减轻很多。

晴晴还是有很多好的选择的，如果她能给受到冷落的小雅多一些关心和安慰，在小雅人生低谷的时候给予一些支持，也许可以化解小雅心中的愤憾。但是，晴晴显然并没有意识到问题的所在及严重性，从而错失了很多弥补的机会。

（二）继续保持努力

当别人说你闲话的时候，你要选择继续努力。当你比别人高一点点的时候，别人可能在背后说你闲话，但是如果你一直努力下去，比别人高很多的时候，别人就会表示出对你的尊敬和崇拜了。

| 我被嘲笑的经历 |

我是读过博士研究生的，也曾经在社会最底层做过业务员，那时候经常被人嘲笑。

记得当时我拜过一个大哥，每次到那边他就会骂我说："你小兔崽子不务正业，怎么会做这样的事情。"慢慢地，对于他给我的越来越多的打击，我也习惯了。但是，我心里想："我胸怀大志，你竟然都没有发现。"

大概时隔5年之后，我在事业上取得了不错的成绩。有一天，我们在聊天时，我说："你看，当年你还瞧不上我。"大哥说："如果当年不是我这么刺激你，你能有今天吗？"

所以，我在想，还好当年我选择继续努力，而不是跟他争辩来消耗我的时间。

当年，我跟这位大哥处境差不多，这位大哥可以嘲笑我，现在这位大哥跟我的差距太大了，他就没有了嘲笑我的理由。你想，如果晴晴一直以来都是班级里学习成绩很好的孩子，现在考得很好，那么也没有理由被人说闲话。所以，晴晴现在最好的选择是继续努力学习，有一天她让别人在成绩上无话可说的时候，一切流言蜚语也就不攻自破了。

（三）换种方式表达

很多同学在当班干部的时候，经常被人说闲话，有些同学可能在背后议论说："你算什么东西，凭什么管我们？"但是，你却坚定地表示要勇敢地执行老师的命令。当你管他们的时候，他们也许会对你表示不服与不满，如果放任他们不管，又愧对老师赋予的责任。这引起了许多作为班干部的同学的烦恼，但其实这件事并没有那么难。如果我们换种方式表达我们的想法和需求，也许会收到意想不到的效果。

你在班级当班干部的时候，有老师或者班主任在背后给你撑腰，所以你要记得，别人服气的不是你的水平，而是你背后的老师。你必须做到四个字——理直气柔。

一方面，对于老师交给你的任务，在对同学表达时，你要非常柔和。比如，老师说："去把这个作业收了。"你就要回到班级跟同学们说："来，大家帮帮忙。今天老师希望我们尽快把作业交上来，我们一起加油！"当你这样表达的时候，同学们都会非常喜欢。

但如果你趾高气扬地说："快把作业交了，老师让你们交的！"同学们会非常不爽，那么你在维护和同学的关系时，也会遇到一些阻碍，导致很多人在背后说你的闲话。

另一方面，你也要以身作则，保持持续学习和进步的状态，以此来让同学们对你信服。只有当你自身优秀，对他人依然保持尊重时，你才会得到他人的认可和配合。

第二节　做老师喜欢的学生

在学习的道路上，老师会给我们强有力的帮助。他们启蒙、教导、鞭策我们，把我们从幼苗培养成参天大树。在这个过程中，他们也会"施肥、除害"，帮我们改掉身上的不良行为。

有时候，有些同学觉得老师总是针对自己，是在故意批评自己，对自己不满，这是对老师产生了某种误解。一般而言，老师是非常爱护我们的，如果对我们要求很严格，反而说明他是个负责任的人。

一、你和老师是什么样的关系

我们和老师的关系非常密切，非常重要，如果你能尝试着让你们之间的关系更和谐，也许你的学习成绩会很快得到提升。

（一）感受一下你和老师的关系

虽然你天天和老师相处，听他们讲课，求他们答疑解惑，但是也许你不清楚自己和老师是什么样的关系。下面的表格可以让你对此有一个清晰的认识。

	你最喜欢的老师	你最不喜欢的老师
科目		
为什么		
你觉得他/她是一个怎样的人？		
老师跟你讲过的印象最深的话是		
我希望老师能够做什么		

对于喜欢的老师，你会给出正面的评价；对不喜欢的老师，你通常会写下他的缺点。这时候，可以停下来想一想，对于不喜欢的老师，是不是只看到这些缺点？他们身上有没有什么优点，是不是被你不小心忽略了？

跟老师处理好关系，是我们在学校生活中一件极其重要的事情。因为大部分同学成绩的下滑，都是从跟老师关系处不好开始的。有个同学曾经跟我说，他在一次班会上听音乐被老师抓到，老师当众批评了他，这让品学兼优的他感到受到了强烈的羞辱，于是产生了严重的抵触情绪。后来，他的成绩一滑再滑，最后成为垫底的学生。

在他看来，那么多同学听音乐，老师为什么只针对他呢？但事实真的是如此吗？他之所以会产生这类情绪对抗，本质上是希望老师发生改变。

（二）改变老师，还是改变自己？

当我们和老师之间产生分歧的时候，当我们对老师的行为非常不满的时候，当老师对我们的表现表示否定的时候，该怎么办？

我们是改变自己呢，还是改变老师？

| 小强的遭遇 |

在扶鹰线下课程里，那些性格活泼但是学习成绩不佳的学生，时常引起我的注意。我一直在想，为什么他们如此活泼、如此聪明，学习成绩却如此不好呢？这是一个巨大的疑问，也是一个非常值得研究的问题。

小强是我520学霸课程的学员，他曾跟我分享过他的经历。小强性格特别活泼，在小学的时候，学习成绩还比较好，平常跟同学也都处得来。可以说，小强的小学时光还是非常愉快的。到他升入初中，这一切就发生了很大的变化。

在初一的时候，语文老师是位年纪比较大的老教师，非常喜欢他的性格，也非常喜欢小强在语文课上发言。几乎每一次上课，都会选小强发言。每次语文考试，小强都能考取班级前10名，为此小强跟老师的关系越来越好。这让小强觉得语文课非常有趣，自己学得再辛苦，也不觉得累。

可是，让他沮丧的是，数学老师怎么也不喜欢他。数学老师是个年轻的女老师，上课非常严肃，对班级纪律要求得非常严格，她上课的时候要求班级里必须鸦雀无声。她不允许学生随便发表想法，更不喜欢小强的性格，也不会请他发言。而且，上课的时候，经常性地管小强，让他坐直，专心听课，不要做小动作。因此，小强觉得数学课上得太压抑，非常无聊。他甚至想逃掉数学课。也想过找班主任，说说数学老师，让数学老师改变一下。但是，他一直没有鼓起勇气跟班主任说这个事情。

就是因为跟数学老师关系不好，他的数学成绩每次都考得一塌糊涂。常常是150分的试卷，只能考个80分。但是，他越是不喜欢数学老师，数学老师就似乎对他越严格。他虽然没有在课堂上公开反对数学老师，但是私下里经常跟同学说数学老师怎么怎么不好。数学老师已经感觉到了问题，但是一直没有直接表态。

看着小强的数学成绩，爸妈心里可真焦急。他们觉得如果这样一直到初三，小强肯定连高中都考不上，这是父母最不想看到的事情。作为当事人，小强也没有什么好的办法来改变这个状况，只能默默承受因为跟老师关系不好带来的伤害。因为很巧的机缘，小强的爸妈才把小强带到了我们的线下课程之中。

作为未成年人，小强想改变老师是非常困难的。因为老师都是成年人，价值观和行为方式基本已经固定，自己想改变自己都困难。再说，学校里的学生那么多，老师不可能按照每个学生的喜好来调节自己。所以，想去改变老师真的是一件基本不可能完成的事情。

但是，如果我们选择与老师对抗，甚至放弃这门课的学习，会发生什么事情呢？这样的结果很简单，随之而来的便是你丧失学习兴趣、学习成绩下滑等一系列问题，这对我们来说是毫无益处的。小强虽然并没有公开反对自己的数学老师，但是上数学课的情绪已经影响到自己的数学成绩了。

我们只能选择改变自己，成为一个受老师、同学欢迎的人，这样才不会影响到自己的学习成绩。

二、老师到底喜欢什么样的学生

一个人想要持续地做一件事，通常要受到物质和精神两方面的激励。

对于老师而言，物质层面更多由学校给予，主要体现在工资和奖金上面。而在精神方面，则表现为培养的孩子考入名校，取得了优异成绩等。

如果你成绩名列前茅、在比赛中能够拿奖，你便满足了老师的精神需求，成为一个让老师骄傲的学生。如果你成绩不够优秀，但非智力因素方面表现突出，如性格可爱，热心班集体活动，经常助人为乐等，赢得同学的一致欢迎，你也会成为老师喜欢的学生。

所以，你发现了吗？当我们可以满足老师的精神需求时，老师便会对我们产生一定的正面情感；反之，老师的精神需求得不到满足，也会相应地对我们加以批评和指责。

一个刑满释放人员，尽管他决定洗心革面、改邪归正，但由于他的前科经历，人们对他的信任程度下降，他尝试努力几次后发现很难赢得他人的尊重之后，便会自暴自弃，很大程度上，他依然会重蹈覆辙。只有少数刑满释放人员能顶得住压力，在他人怀疑的目光中继续努力，最终在长时间的坚持之下重新融入社会。

学习也是一样。在学习的过程中，肯定会遇到很多困难，也许你做了10

件事都没有做好，让老师失望了，但只要你肯反思自己并坚持下去，当你做对的时候，老师会改变对你的固有看法。长此以往，你也会成为老师的骄傲。

三、如何做才能让老师欢迎呢

让老师欢迎我们，并不是个难题。首先对于老师来说，爱护学生是他的职责，只要我们用心学习、热爱集体，老师是非常愿意接受我们的。其次，老师对学生一般还是非常理解和包容的，因为学生都是未成年人，都有自己不足的地方。但是，学生也应该学会去体谅老师。

（一）学着理解老师

随着时代的发展，老师的职业幸福感正在发生变化。

| 关于教师职业幸福感的调查 |

彼得·多尔顿教授是英国全国经济与社会研究所的主任，他领导了瓦尔基基金会 2018 年"全球教师地位指数"项目。该项目调查了 35 个国家和地区的 3.5 万人。

最终研究发现，教师的地位和工资同各国在经济合作与发展组织的国际学生评估项目（PISA）中的表现有直接联系。多尔顿教授说："教师的地位越高，这些孩子得到的成绩就越好。"

彼得·多尔顿教授还说："在我们考察的一些国家里，教师每周工作的时间比人们认为的多 14 个小时。这不仅对每个学校的每名教师来说是重要的，还因为我们赋予教师的地位越高，孩子们和未来的结果都会越好。"

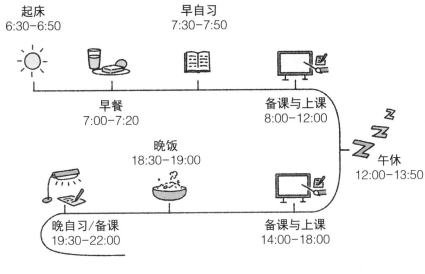

起床
6:30-6:50

早自习
7:30-7:50

早餐
7:00-7:20

备课与上课
8:00-12:00

午休
12:00-13:50

晚饭
18:30-19:00

晚自习/备课
19:30-22:00

备课与上课
14:00-18:00

老师的一天

由此可见，老师是非常辛苦的，他无法照顾到每一个学生，更无法照顾到每个学生的每个面。如果你愿意试着去理解老师，你就会少了很多怨言，老师也会更加轻松一些。

有个同学曾经跟我说，他的语文老师对全班同学要求得特别严格，而隔壁班的老师却很宽松，他很羡慕。我告诉他，老师现在的严格是对他最好的磨炼，看似他现在过得痛苦，但是10年后，当他因为严格的要求而练就一身本领时，他要比当初宽松的环境成长的孩子更有成就。

很明显，小强的数学老师并不是不喜欢小强，对小强的批评也并非是因为对小强不满，而是在帮助小强严谨起来，让小强发展得越来越好，只是小强自己暂时不理解而已。如果你此刻正处于老师严格要求的阶段，说明你是一个很有潜力的学生，老师非但没有放弃你，甚至还对你寄予厚望。这就好比一棵大树要枝繁叶茂，必须经过修枝剪叶这一痛苦的过程。人要想取得成就，成为栋梁之材，必须承受前期的折磨和煎熬。

（二）对老师保持尊重之心

老师会对我们产生深远的影响，如果我们和老师发生了矛盾，自己能真诚地道歉，老师也一定会原谅我们的。这样大事化小、小事化了，最后自己承受的损失也是最小的。

如何理解老师的严格要求

| 我改变了对老师的态度 |

我叫芳芳，是一名初一的女生。关于如何处理和老师之间的关系，我有很多切身体会。记得小学的时候，我的英语成绩真是一塌糊涂，满分 120 分的试卷，我只能考 80 分左右，在班级里面是倒数垫底的，令我非常难堪。每次老师发试卷，我都非常恐惧。而且每次英语课堂发言，我总是默不作声。每次写英语作业，我都是赶出来的，这样质量当然很低。

这一切产生的原因，主要是我跟英语老师相处得非常不融洽。我的英语老师 20 多岁，刚从大学毕业。从前，我认为她只比我们大几岁，凭什么教我们？所以对她不尊重。她对我们却一直严加管教，各种挑毛病，这更加激化了师生矛盾。从而，我在学习过程中出现了唱反调、上课不听讲、对英语丧失兴趣等问题。

在妈妈的带领下，我去年参加了扶鹰的学霸课程。我从王博士那里得知了跟老师处好关系多么重要。在活动中，我的带队助教赵老师是一名英语系的研究生，我非常喜欢她。在短短的几天课程中，我从她那里学到了很多关于英语的知识，受她的影响我对英语也产生了浓厚兴趣。跟助教相处的这几天，我得到了一个启发，如果我能跟我的英语老师相处好，也许我的英语水平会得到很快的提升。

回到学校，我对英语老师的态度有了180度的大转变。为什么呢？就如王博士所说的，老师、学习、中考就是我面前的一堵墙，我有两个选择，撞过去同归于尽，或者飞跃过去。很显然，一定要选择后者。我开始学着提问。在提问中，我发现老师其实并没有那么严厉。私下里她仍是那个与我们年龄相仿的小姑娘，爱哭爱笑，对英语学习有着自己的风格与见解。我开始每天和英语老师交流等，甚至开起了小玩笑。

短短一个学期之后，我的英语也能考到中上等水平，真是提高得太迅速了，最后我考上了自己理想的中学。回想起这件事情，我觉得非常幸运，又非常可惜。幸运的是，我在小学的最后阶段认识到了跟老师处好关系的重要性，重新跟英语老师建立了良好的师生关系。可惜的是，没有早点明白这个道理。

从芳芳的例子我们可以看出，尊重老师，对学生来说非常重要。不管老师多么严格，我们都不能对老师表现出轻视或者不服气的态度。这是因为，老师的严格可能是在帮助我们改正错误，只是老师的很多做法我们当时无法理解而已。

对于很多同学而言，也许人生的转折点就在这些细节上，当老师对我们彻底失望或放弃的时候，才是我们艰难时刻的开始。下面是一些让老师感受到尊重的小技巧，不妨试一试：

- □ 面对老师时，点头微笑，表示对老师的欢迎。
- □ 上课积极响应老师，如举手发言，热情地表达自己的观点。
- □ 欣赏老师的优点，尽可能用语言或行动表达出来；包容老师的缺点，给老师指出缺点，也要说得委婉一些。
- □ 对老师表示感谢，因为老师为了教我们很辛苦。
- □ 在言语上尊敬老师，避免出言不逊。

第三节　让唠叨的爸妈不再"念经"

在生活中，我们是不是经常听到爸妈的唠叨，而且他们有时候唠叨起来没完没了。我们会觉得很烦，但是也很无奈。下面的情景，也许每天都在上演：

"起床了，还不起床，天天起不来床，再不起来就迟到了！"

"快去学习吧，就知道玩儿，整天不是想着吃，就是想着玩儿，怎么就不想想学习呢？"

"你要好好读书，不读书你想干吗？"

"还不去刷牙，赶紧上床睡觉了。"

"你看看你，一天邋里邋遢像什么样子。"

"看看你自己的屋子，像猪圈似的，也不知道收拾收拾……"

这样的场景，是不是非常熟悉，那你知道这些情况都是怎么发生的吗？

一、爸妈是怎样唠叨的

如果你有一对唠叨的爸妈，相信你一定听过类似上面的话语，对于这些话你也肯定有非常深的体会。对于爸妈的唠叨，我们仔细研究一下便可以知道，无非包括以下四种：

第一种：不能出错和翻旧账式唠叨

你会发现，当你忘记带钥匙，或者忘记带雨伞时，妈妈就会开始她的唠叨，并且把你上次忘记的事情，也能翻出来跟你掰扯一番，抱怨你为什么每次都忘记这些事情。很多时候，你觉得根本不是什么重要的事情，为什么爸妈那么唠叨，不明白他们说的有什么意义。

如果你再仔细观察一下，你同样会发现，每次都唠叨和抱怨你的妈妈，还是会在你忘记带东西的时候，风里雨里地给你送去。他们一边唠叨你做得不好，一边又发自本心地关心你、爱护你。可能，越是关心你，对你的唠叨就越深重。这种看似矛盾的行为，刚好说明了一些问题所在。

第二种：别人家孩子式唠叨

你的爸妈会说："你看你们班的×××，放学就回家写作业了，你看看你"，或者"你看你的成绩，你看看别人是怎么考的"，再或者是"妈妈同事的女儿从不顶嘴，而你只知道天天气我……"

爸妈总是用别人家的孩子来唠叨你，这时常让我们厌烦不已。而且越是对比，越会觉得爸妈感觉我们不如人家的孩子，内心的抵触情绪就会越严重。但是，爸妈往往意识不到这一点。他们好像不能体会对比情形之下你的心情和感受。这样的唠叨，实际上像是在"拉仇恨"，起不到应该起的作用。

第三种：无隐私式唠叨

你的爸妈可能经常会问你，谁是你的朋友？谁寄东西给你？你买了什么？和谁通话？只要是跟你有关的事情，事无巨细，他们几乎全部要问一遍，让你基本没隐私，甚至会在熟人面前唠叨你的隐私，让你全没面子。每每这时，我们都会觉得自己没有空间，甚至感到窒息。

你很在意自己的隐私，即便是你跟爸妈说，这是自己的隐私，你爸妈依然不改作风，继续唠叨你的隐私。最后，你没有办法，只好隐藏自己的隐私。但是，越是隐藏，他们就越是好奇，对你的"监管"就会越严格。

第四种：为你好式唠叨

爸妈打着为你好的名义，对你提出各种要求，比如：让你写作业是为你好、不让玩电脑让你早点睡觉是为你好、让你吃点苦也是为你好……每当爸妈以为你好的名义唠叨你时，你都会不屑一顾。

爸妈的这种唠叨，也许在最初效果还行，你能感觉到爸妈的善意。但是随着爸妈唠叨频率的不断增加，唠叨对你来说越来越没用，就像是噪声一样，你既不愿按照他们说的做，自己还感觉烦闷。

无论是哪种唠叨方式，都会让我们觉得重复和烦躁，但想解决这件事，我们得从源头找起。

二、世界未解之谜：爸妈为什么唠叨

作为孩子，没有人喜欢被唠叨，尤其是父母的唠叨。但是，父母对我们的各种唠叨，几乎伴随着每天的生活。我们的父母也是从孩子过来的，他们心中想必也清楚这一点，但是为什么明明知道孩子不喜欢被唠叨，却不停止唠叨呢？

（一）爱之深，责之切

有位父母说："孩子小的时候，一方面鼓励孩子勇敢，一方面又怕他太勇敢；慢慢长大了，希望他能吃苦，但也怕他太辛苦；喜欢被孩子依赖，又怕他太依赖；因为爱，所以怕，就忍不住唠叨。"

我在线下课程中，经常听到父母说："担心啊，担心孩子做错事，总怕孩子听不懂、做不好，认为多说几遍，孩子能当回事、能记住。结果就成了唠叨！"父母唠叨的初心是关心孩子，担心孩子做不好事情受到伤害，结果他们的唠叨往往成了"最伤害"孩子的事情。

你看，他们明知我们最讨厌唠叨却还是要唠叨，这都是因为爱我们，担心我们做不好，就只能选择一遍遍向我们重复唠叨。正所谓："爱之深，责之切！"

（二）期望导致失望，从而带来唠叨

我们都对他人存有期望，当期望没有达成时，便会产生失望之情。有时，我们听到父母对我们唠叨，可能是在他们教育我们时，我们没有在意，导致了他们的失望。正是一层层的失望，让爸妈误以为我们没有能力去做好这些事情，出于担心和忧虑，便会在我们耳边一遍遍不厌其烦地重复，生怕我们走错一步。这些事情的出发点都是源自爱。

面对父母的唠叨，我们也不容易保持理智的态度，不容易理解父母的良苦用心，而把重点放在了自己对父母唠叨的感受上来。我们太重视自己感受的时候，就是对爸妈唠叨抵触情绪最大的时候。

但是，如果我们能够给爸妈呈现出一个自律、上进、准时起床、按时完成作业的形象，是不是就可以减少他们的唠叨呢？应该说，如果我们这样做，他们的期望得到满足，他们就会想着你的优点，就会越来越欣赏你，就不会去唠叨你了。

三、如何让爸妈放心、不唠叨

要让爸妈不再唠叨，或者是减少唠叨的频率，我们就要多多努力。这里有很多的诀窍，要用心学习。

（一）做一个让爸妈信任的孩子

有一个公式，或许可以帮助你获得别人信任：

$$信任 = \frac{可靠性 \times 资质能力 \times 亲近程度}{自我取向}$$

你可以想一想，银行为什么会借给你钱？又或者，支付宝为什么会有花呗和借呗的功能？它们是怎么运行的呢？

这里面就涉及信用的问题，信用的建立是一步一步的过程。开始时，银行只会给你很少一部分钱，随着你按时还款，信用程度的累积，你能借到的金额也越来越大。同理，支付宝也是一样，这便是芝麻信用分的来源。

对应到我们的生活中，想要让爸妈不唠叨，就要做一个让爸妈信任的孩子。

1. 可靠性

孔子的弟子颜回有个特质叫作"不贰过"，意思是人如果不犯第二次错误，就会变得非常可靠。如果经过不断提醒还不断犯错，你就失去了被信任的机会。所谓"事不过三"，大多也是这样。

如果妈妈让你在吃饭前洗一次手，你在第一次照做之后，从此都主动自觉地去洗手，妈妈便会觉得你很可靠，从而对你建立了一定的信任感。同样，当妈妈让你学习时，你便自觉地完成学习，看到你的努力之后，妈妈也会不再唠叨你的学习。

2. 资质能力

资质能力代表着你过去的资质和你现在的能力。如果有人要投资你，便要通过你过去的资质和你现在的能力去判断你的价值。无论你是要证明自己有责任感，还是有能力，你都要去展示你的过去和现在。因此，在读书的时候，你便要把握机会，积累自己的资质。

我们在学生时代，时间和精力相对较多，可以参加一些竞赛，来获取证书，这些东西都是未来证明自己能力的很好的材料。当然，如果我们能拿个什么奖项到父母面前，相信父母也会对我们另眼相看的。

3. 亲近程度

随着年龄的增长，我们会越来越以自我为中心，我们与父母的关系，更倾向于从父母这里获得什么，无论是服装、荣誉，还是照顾、关爱等，都是父母在无条件地提供给我们，而我们常常忘记了，父母也是需要被理解和尊重的。

如果你能懂得父母的需求，在哪里都能想着父母，那么你们的亲近程度是很高的。孝顺父母是做人的一种基本要求。如果连对你最好的父母都不懂得感恩的话，那么你这个人也是不值得成为朋友和合作对象的。

同时，当我们犯错时，要去主动承担责任，这也会使得我们跟父母的关系越来越好，生活中的大部分时间都会处在一种和谐的关系之中，我们的学习和生活必将是非常快乐的。

4. 自我取向

自我取向是指以自我为中心的程度。一个人越自我，就越容易走向信任的反面。如果一个人的自我取向程度越低，他的信任分值就会越高。我们要从自己的世界中走出来，体谅别人，这样我们才更容易获得信任。

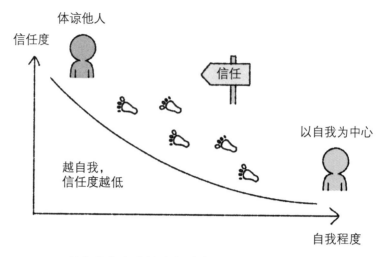

体谅他人

信任度

信任

以自我为中心

越自我，
信任度越低

自我程度

以自我为中心让我们偏离别人的信任

（二）不要把有限的精力浪费在家庭内耗上

面对妈妈的唠叨，如果你"屏蔽"自己，假装听不见，甚至对抗，那就只能让你们之间的关系更加紧张，陷入无休止的家庭内耗之中。家庭内耗是相当不可取的事情，无论是家长，还是孩子，都会陷入痛苦的状态。

一旦陷入这样的状态，解决办法是，必须有一方首先跳出来，然后带动另一方离开这样的状态。但是，这个过程可长可短，每个家庭都不一样。

| 妈妈竟然不唠叨了 |

小磊是扶鹰520线下课程的一名学员，他的妈妈也是我们智慧父母课程的学员。看着小磊现在的变化，我们的内心充满了成就感。我现在还记得第一次见到小磊的情形，他个头高高的，非常瘦，表情冷漠，目光无神，看什么都没有兴趣。那时候，小磊已经上初二了，但是学习成绩差成了他生活的代名词，对游戏十分沉迷，常常忘记吃饭，忘记睡觉。

妈妈在他的眼中是非常爱唠叨的人。他早上要被唠叨着起床，晚上要被唠叨着放下手机，放假要被唠叨着去上补习班。跟朋友玩的时候，要被千叮咛万嘱咐。就连去买个零食，也要被要求买健康的。面对妈妈的唠叨，他刚开始还会顶上几句，但是时间久了，连顶上几句的兴趣都没有，就当耳旁风了。时间在流逝，妈妈在唠叨，而小磊依然去打游戏，生活就像一套相互咬合的齿轮我行我素地运转着。

妈妈属于那种为你好式的唠叨。唠叨早已经成了她生活的一部分，如果不是上了我们的学员培训班，她永远也不会自知，唠叨除了制造噪声之外，对孩子没有任何的作用。面对这种情况，小磊的爸爸也不去管什么，他只是忙着自己的事业，似乎家里的事情跟他没有什么关系。

但是，小磊跟我说，一次考试成绩出来之后，妈妈没有像以前那样去唠叨、去吼他，而是拉着他的手对他说："妈妈知道你没有考好，但是你已经很努力了。咱们总结经验，下次继续努力，一定会改善的。"之后妈妈再也没说关于成绩的事情，而是好好地跟他谈在学校里遇到的事情，以及在扶鹰的线下课程里学到了什么。甚至，当谈到他在线下课的一些积极的表现时，还夸奖了他。小磊说，自己当时没有明白妈妈转变的原因，只是感觉妈妈像是换了一个人一样，变得非常温柔，非常慈爱，这是小磊几乎从来没有体会到的事情。

后来，在妈妈的鼓励之下，经过扶鹰线下课的培训，小磊到初三的时候已经可以考到班级前10名了。这个巨大的转变，令以前唠叨的妈妈开心不已。更重要的是，妈妈竟然不唠叨了！

在家庭中，家长和孩子坐在一起，而不是敌对的状态，去共同面对问题、解决问题，这样就可以避免内耗的发生。那哪一方先跳出来呢？万一我跳出来之后妈妈不配合怎么办？改变谁更容易？也许你会这样想。

但是，你要知道，你的存在就是用来超越他们的。父母都希望下一代能够比他们更加优秀，希望我们比他们更有格局和魄力。和父母对抗，就好比飞机往山上撞击，结局只能是机毁人亡，而飞过父母这座大山，我们才能展翅翱翔！

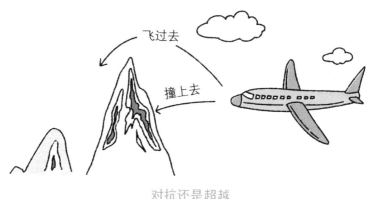

对抗还是超越

父母之所以对我们有那么多的要求，本质上是希望我们这一代超越他们，有更好的前程。而我们有时候，无法体会父母的良苦用心，放大自己的感受，忽略问题的本质，这一点很不明智。如果我们懂得了这些道理，就自然可以理解父母的唠叨之情了。

如果把所有的困难都当成是对自己的修炼，你就不会再跟父母闹矛盾，而是不断地去提升自己的能力和智慧。

（三）让父母开心或者生气，是由你决定的

我们从出生开始，打交道最多的人就是父母。我们的衣食住行都由父母来供给，父母是为我们付出最多的人，也是对我们最无私的人。十几年下来，你肯定知道你做出什么行为你爸妈会开心，做出什么行为你爸妈会生气。所以，从本质上来说，让父母开心，或者让父母生气都是由你来决定的。

相信你一定可以让爸妈信任你，让自己的"投资人"对你有信心，更加义无反顾地支持你！

后 记

Epilogue

后 记

Epilogue

几年前，我刚刚踏入家庭教育这个领域，在请人讲课时，遭到了无情的拒绝。那时，没有人愿意支持和理解我，也没有老师愿意来帮助我。我就想：前面没有路，后面没有路，左边没有路，右边没有路，这正是我自己腾飞的开始。

我必须背着自己爬上一个又一个台阶，在逆境中找到新的希望和起点。我全身心投入家庭教育这个行业，让自己成为这个领域非常专业的人。后来，我自费到外地去学习演讲，拜访名师，让我可以在这个行业用最短的时间沉淀最多的知识。到今天为止，我们的学员已经遍布全国各地。

我深刻地意识到，我在做的事情正在改变一个又一个家庭，影响一批又一批的孩子。他们在这里找到了人生的方向，成就了自己的美好人生。这一切的发生也催生了我写这本书的初衷。我希望孩子们在人生刚刚开始的时候，就能得到正确的指引，能够科学地认识自己，完善自己，成就自己。

当然，最应该感谢的，还是广大的同学，你们的阅读与成长便是我努力做好这份事业的最大动力。在即将看完这本书的时候，我希望你们都能找到自己的人生目标和梦想，并且坚定地朝着这个方向前行。相信你们会因此而改变自己，成为社会精英中的一员。

王金海

2021 年 11 月

读书 陪你

人生探索家系列

《远方不远》

ISBN: 9787302475927
定价: 49.80 元

《一路繁花到幸福》

ISBN: 9787302541752
定价: 59.80 元

《初蹈沧海——环大西洋 760 天》

《再济沧海——挪威至巴西两万里》

ISBN: 9787302494577
ISBN: 9787302496830
定价: 59.00 元

《阅读世界诗歌: 窗棂上的一只麻雀》

ISBN: 9787302550082
定价: 56.80 元